特定非営利活動法人
みんなのまち草の根ネットの会【編著】

埼玉県草加発
ネットワーカーたちのまちづくり

男女共同参画・
パートナーシップづくりの
新たな実践

生活思想社

ネットワーカーたちのまちづくり◎もくじ

第2章 草の根ネットの歴史をひもとく

第３章　草加市の施策の流れ

＊装幀・渡辺美知子

はじめに

特定非営利活動法人　みんなのまち草の根ネットの会
会　長　宮本節子

ネットワークのつなぎ目である「ネットワーカー」

一九九五年文部省（当時）の委嘱事業「女性の社会参加支援特別推進事業（男女共同参画社会づくりの事業）」を受けてから一二年、その間九九年には男女共同参画基本法が公布・施行され、埼玉県においても全国で二番目に二〇〇〇年埼玉県男女共同参画推進条例が制定されました。

この「男女共同参画社会づくり」を基本理念として地域に根づかせていく活動を「地域づくり」と「国際化（外国人との共生）」の視点からとり組みはじめたのが、「みんなのまち・草の根ネットの会」です。

「地域づくりは人づくり」といわれますが、この活動の重要な要の役を果たすのは、ネットワークづくりのつなぎ目になるネットワーカー（ネットワーク推進委員）です。

個人の思いは千差万別ですが、その思いをつなげる課題別ネットワーク（これをパーシャルネットと呼んでいます）を暫定的に設置し、課題解決にむかっています。

この本は、いまもなお歩みつづけ、どこかで網目をつなげひろげているネットワーカーの存在を通して課題解決への道をつくり、だれにも住みよいまちづくりをめざしている活動実践の記録です。

「みんなのまち・草の根ネットの会」(略称・草の根ネット)の名称について

〈ネット〉 ネットという言葉は、一九九六年発足当時だいぶ一般的になってきていました。それ以前には個別に活動するか、あるいはまとまるといってもせいぜい同じような活動をしている仲間の団体が連絡を取り合うといった形でしかなかったものを、ネットは日本語で「網目」という意味で、より広範囲な連帯集団を形成していくということで「ネットでつなぐ」とか「ネットを結ぶ」とかで使われ、「〇〇ネット」という団体もちらほら現れてきていた状況でした。私たちの活動の性格付けをするとなるとどうなるかをみんなで議論したさい、この「ネット」という名称はまさにぴったりの言葉でしたので、取り入れることにしました。

〈草〉 まず私たちの会は、団体の集合体ではなく、**「個人」**、とくに団体を背後にもった個人(それはその個人が会長・代表職にあることを意味しているのではなく、その人が意識的にその団体の活動に参加していることを意味する)の集合体であることを主張しようということになりました。これからの市民活動は、従来のように団体単位で動くものでもなく、また団体の役職としての代表や会長が取り行なっていくものでもなく、活動の「鍵となる人間」つまり**「キーパーソン」**が活躍していかなければならない、すなわち**「キーパーソンの時代」**だと考えていたからです。何か「こと」を興し、成すには、そのことに死に物狂いの情熱をかけている人がまずひとりいることが極めて重要であると体験から学び、確信していたからです。草の根ネットが個人に重きを置くことにこだわったのはそのためです。その個人は、多くの場合、一つのことに留まらず、いくつもの関心事をもっているので、それぞれのテーマで組むネットごとに重複して自由に集まれます。このようにして、私たちが考えるネットは、**「重層的なネット」**となるのです。そしてこのキーパーソンは、一人ひとりの普通の市民ということで「草」となりました。

〈根〉　そしてこの草のネットは、**拡大**していかなければならないと考えました。誰にも住みよいまちをつくるためには、さまざまな問題を解決していかなければなりません。そのためには、個々の問題をテーマとして立ち上げること、そしてそのテーマについてネットを組んでいくこと、すなわち拡大することです。それは草の「根がのびていくように」ではないかと話がまとまりました。そして「根ののびかた」は**「地下茎（リゾーム）型」**です。この表現は、草の根ネットに最初から関わっていた鳥谷部志乃恵獨協大学助教授（当時）が私たちの会を説明するときに使った言葉です。私たちの会が今後あらゆる方向に自由自在にどんどん広がっていくという意味で「地下茎のように」と表現したことを聞いたとき、みんなで心からそうだと感じ、奮い立ったことを今でも鮮明に覚えています。そして「地域や社会を動かす根っこである地下茎を育てる人」「地下茎の結節点となる人」、そのような人を私たちは、「ネットワーカー」と名づけ、キーパーソンがネットワーカーとしてどんどん地下茎を育てていくことを目指したのです。

〈みんなのまち〉　当時東京都の鈴木俊一知事（一九七九年四月〜九五年四月）が「マイタウン」構想を打ち出していました。いい言葉だと思いはしたものの、マイタウンとは、「わたしのまち」という意味です。私たちのまち草加のことを考えたとき、「わたし」のまちにとどまらず、お互いに連帯感をもった**「わたしたちの」まち**であってほしいということになり、さらに話し合った結果、わたしたちのまちよりも、より広がりのある言葉として「みんなのまち」がよいということになり、こうして、「みんなのまち・草の根ネットの会」が誕生したのです。

ちなみに、英訳は、The Town for All:A Citizens’ Grassroots - Network です。

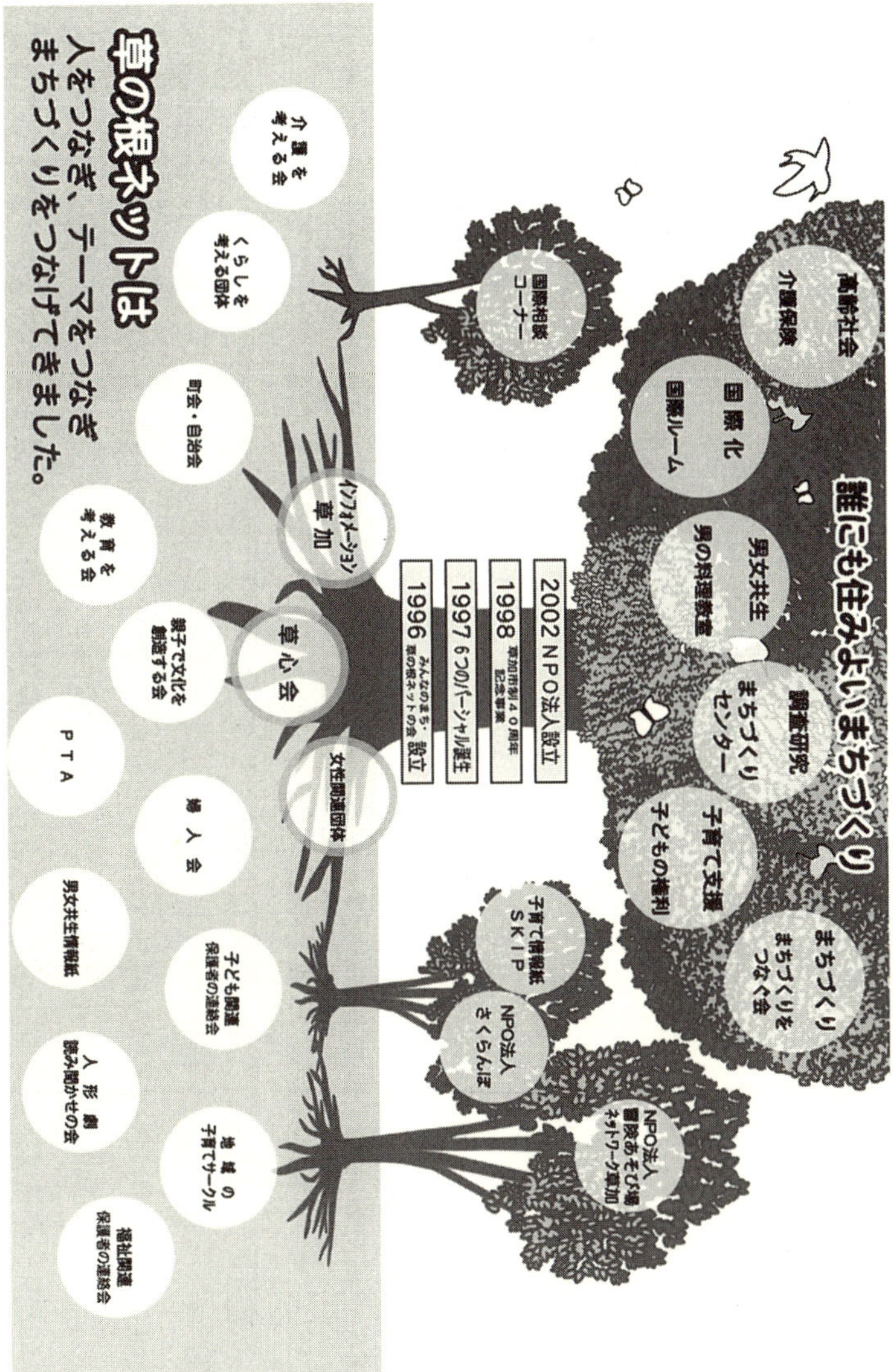

図1　特定非営利活動法人「みんなのまち草の根ネットの会」成長関係図

草加市の概況

そんな草の根ネットが活動している埼玉県草加市は、一九五五年、草加町・谷塚《やつか》町・新田《しんでん》村の二町一村が合併して草加町となり、五八年一一月一日市制施行（人口三万四八七八人）が実施された市で、四九年を経過した現在、人口二三万九五七八人（二〇〇七年八月一日現在）のまちです。約二〇万人が市制施行後に移り住んだ住民です。

都心から約二〇キロメートル圏内に位置し、東に八潮《やしお》市と三郷《みさと》市、西に川口市、北に越谷市、南に東京都足立区と隣接し、東武伊勢崎線の四駅（谷塚・草加・松原団地・新田）に沿う南北七・六〇キロメートル、東西七・二四キロメートル、面積二七・四二平方キロメートル、予算規模は一般会計約五四三億円（二〇〇七年度当初予算）の市です。

都心へ四〇～五〇分で行ける地の利から、高度経済成長とともに急激な都市化と人口急増にみまわれ、市制施行一〇年後の六八年には一〇万人（一〇万七一人）を超え、一九六五年代には年間の人口増加が日本一になるほどでした。

地域の状況

市制施行以前の約三万人の住民は、昔からの地域コミュニティを守り、新しく移り住んできた住民を「新住民」「よそ者」と呼んで自分たちのコミュニティに加えることをよしとしない時代を経てこんにちにいたっています。

新しく移り住んできた住民は、以前の地とのギャップを知り、地域の問題にめざめ、昔からのコミュニティに入り込めないまま、新たな活動として、グループ活動、サークル活動をはじめるようになりました。い

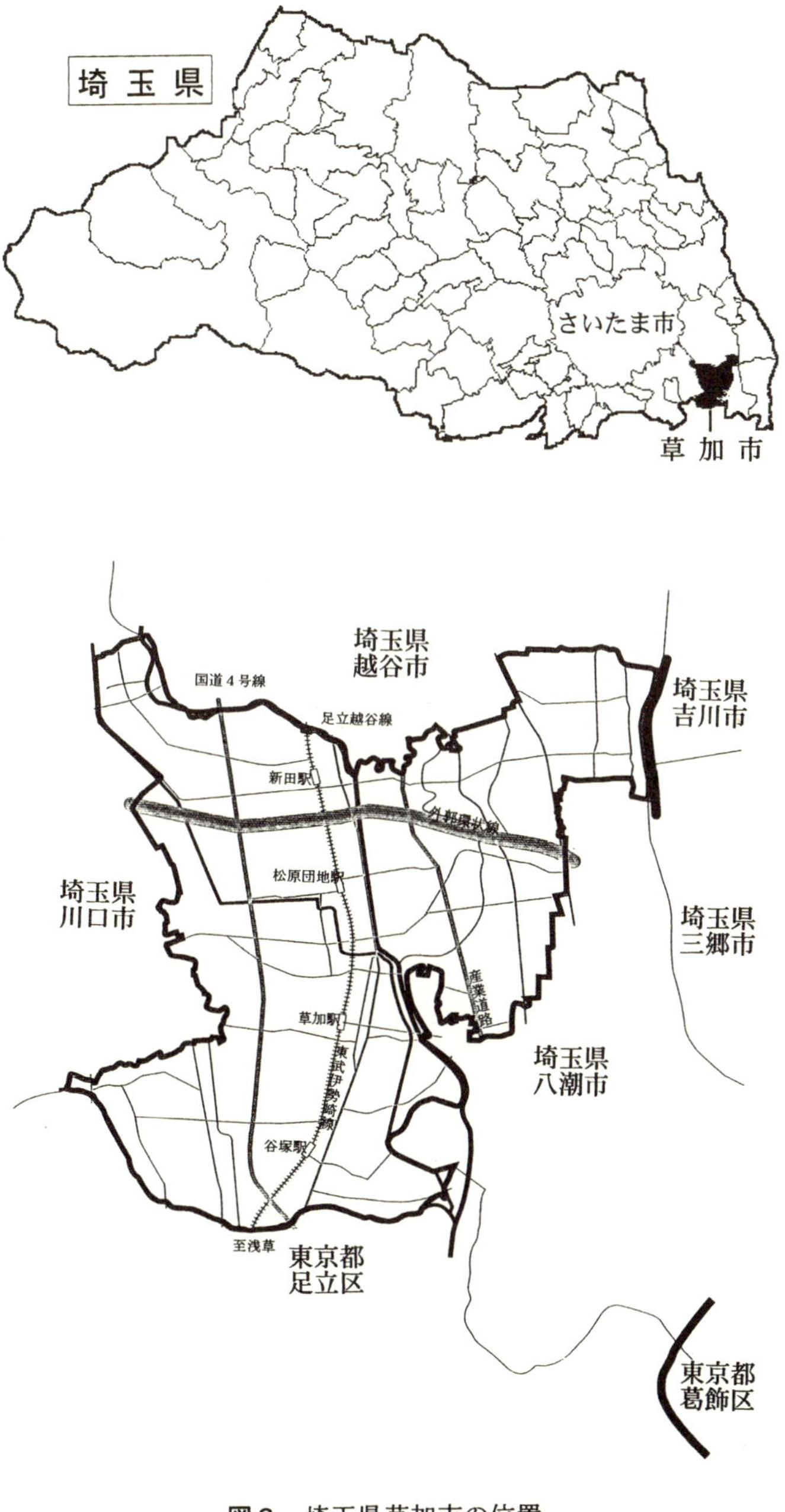

図２　埼玉県草加市の位置

わゆるテーマ型の活動の台頭で、一九七五年ごろからじょじょに活発になってきました。

埼玉県下でも早い男女共同参画の取り組み――市　政

この間の草加市政の流れをみると、一九五八年一一月〜七一年二月保守系、七一年二月〜七七年一〇月革新系、七七年一〇月〜現在保守系の市長が担っています。

革新市長の時代は、東京都では美濃部亮吉知事（一九六七年四月〜七九年四月）が、都民との「対話」により地方自治体を住民に近づける行政を推進した時代で、隣に位置する草加市へもその波は、新しい住民の流入とともに持ち込まれ、市民参加の市政がはじまり、七五年には「草加市中期計画策定市民会議」が設置され、市民意見の反映の場がつくられ、七六年には「まちづくり市民案」が提出されました。

草加市における市民参加・参画のまちづくり行政の取り組みは、ここまでさかのぼることになりますが、その後の近年の動きは第３章で扱います。

また、男女共同参画行政の取り組みも草加市は、県下でも早いほうで、八二年には、福祉部勤労課労政係に婦人問題窓口を設置し、八五年には、「草加市婦人問題協議会条例」が施行されました（第３章一七二ページ参照）。

みんなのまち・草の根ネットの会ができる土壌は

このような背景のもと、八二年に、草加のまちをなんとかいいまちにしたいという情熱に燃えていた青年会議所理事長経験者とＰＴＡ役員経験者が中心になって、草加のまちづくりを考える市民団体「草心会」が発足し、行政への働きかけをしながら足跡を残してきました。

九五年、この「草心会」へ県から文部省の委嘱事業「女性の社会参加支援特別推進事業」に挑戦してみてはどうかというお話をいただき、草心会のなかの男女共生・国際化・コミュニティの三チームが主体となり、さらに当時の「草加市女性問題協議会」へ委員選出されていた団体からの委員の方がたや外国人むけ情報紙を発行してきた市民団体「インフォメーション草加」に呼びかけ、実行委員会を組織し、申請を出したことに、こんにちの活動のはじまりがあります。

委嘱事業の終わる九六年三月、関係者の意思により新たな市民活動団体「みんなのまち・草の根ネットの会」（略称・草の根ネット）が誕生しました。

その後一二年間にわたる取り組みの記録ですが、草加のまちのささやかな記録が、これからの私たちの実践にとっても、また後につづく人びとや思いを形に実現したいと願う人びとにとっても貴重な財産となることを願いつつ……。

―第1章―

地域で活動する
6つのパーシャルネット

総会のあとの懇親会。「男の料理教室」のメンバーが中心になって作った料理を囲んで（2004年4月24日）

1　パーシャルネットとは

パーシャルネット〈略称・パーシャル〉〈以後両方が使用されているが同義語〉は、一九九五年、文部省委嘱事業「女性の社会参加支援特別推進事業」を受け、ネットワークづくりを主眼に九六年三月設立された市民団体「みんなのまち・草の根ネットの会」(〇二年八月、法人格を取得し、特定非営利活動法人「みんなのまち草の根ネットの会」となりました) の組織の一つで、それは次ページ**図1**のようになっています。

会員は、ネットワークづくりをおしすすめるネットワーク推進委員〈ネットワーカー〉といわれ、その研修の場をネットワーク会議と位置づけ、ひろくオープンで行なわれます。

九六年度に次のような今日的課題をとりあげてネットワーク会議を開催しました。

1　ごみを通して『まちづくり』を考える
2　草加市の防災体制の現状と課題
3　草加市の地域子育て支援体制について
4　知ろう語ろう　新図書館
5　子育て支援体制Ⅱ

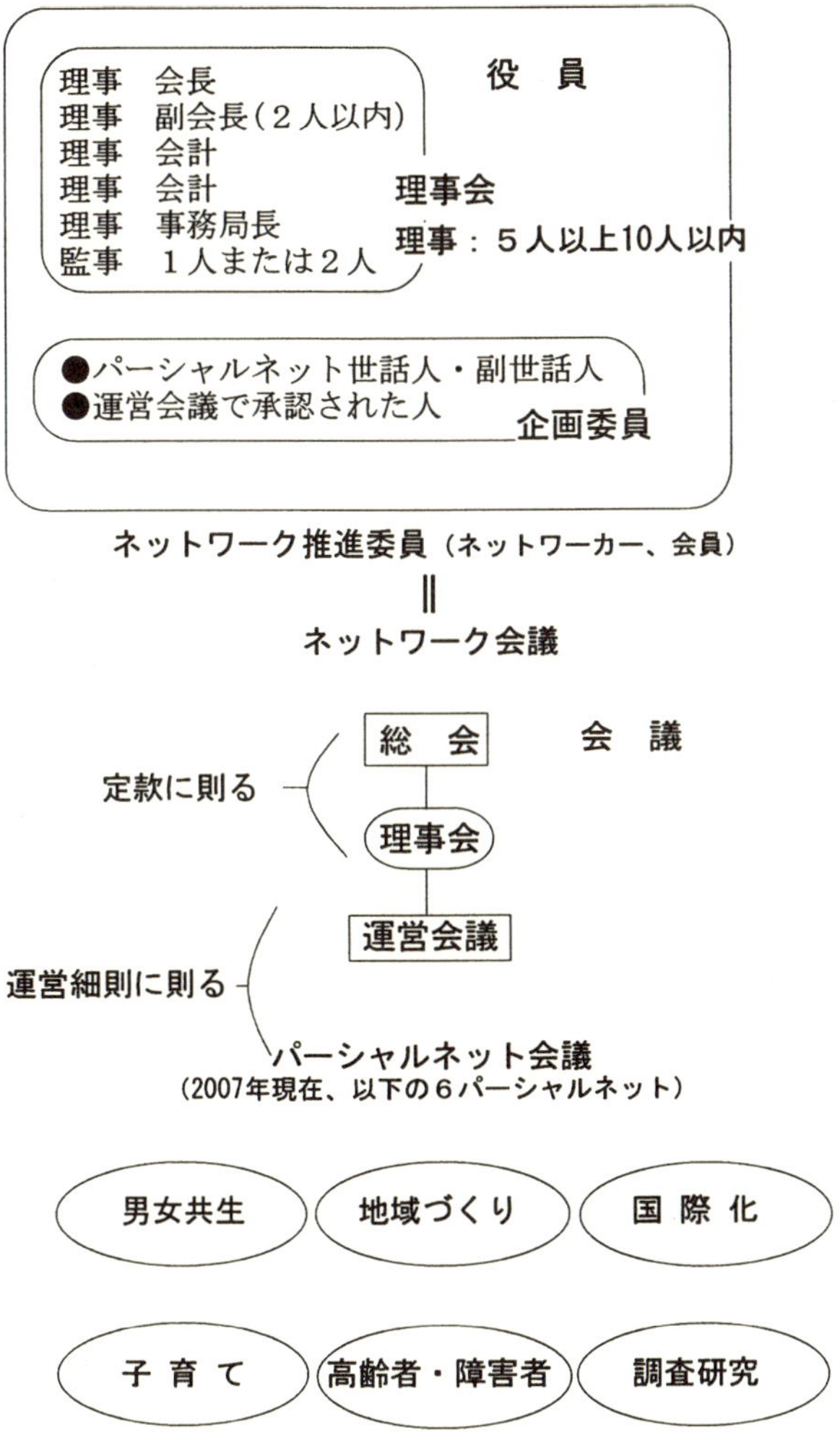

図１　特定非営利活動法人「みんなのまち草の根ネットの会」組織図

6　地域介護を考える

その他の事業として、子育てフォーラムパートⅠ（九六年七月）、子育てフォーラムパートⅡ（九六年一二月）を開催し、子どもの現状と情報交換の場を作り、関係団体が集まりました。

また国際交流や男女共同参画社会のための出前ミニフォーラムを地域や団体へ出向いて行ないました。

この九六年度の活動をふまえて、さらに問題解決に向けてテーマの深化をはかるために、六つのパーシャルネットを九七年度に立ち上げました。

この会の設立の基本理念である男女共同参画社会づくりをテーマとする男女共生パーシャルネット、ゴミ問題・防災をはじめ「まちづくり」全体を考える地域づくりパーシャルネット、子どもの問題は乳幼児期のいわゆる保育関係をテーマに扱う子育て支援パーシャルネットと学童期の子どもたちの問題を扱う地域の子育てパーシャルネット、外国籍住民の問題を取り扱う国際化パーシャルネット、高齢者・障害者の問題を取り扱う高齢者・障害者パーシャルネットです。

それぞれのパーシャルネットに世話人をおき、世話人を中心に流動的に活動できる場として、以後、課題解決に向けてさまざまな活動を展開しています。

九八年市制施行四〇周年記念事業（一三九ページ参照）では、各パーシャルのメンバーが各地区の会合に出席し、そこで出された市民からの意見をパーシャルの問題として持ち帰り、それ以後各パーシャルは、課題解決に向けてその課題を追いつづけています。

その後、二〇〇〇年度からは、子どもに関するパーシャル「子育て支援」が発行してきた子育て情報紙「ＳＫＩＰ」を別団体が継承して発行することになり、「子育て支援」パーシャルは、「地域の子育て」パーシャルに吸収されて、「子育て」パーシャルネットに一本化され、パーシャルネットは五つになりました。

さらに、〇三年度、草加市から（仮称）草加市まちづくりセンター検討事業を助成事業として受けることになり、調査研究パーシャルネットを立ち上げました。

〇七年度現在「男女共生」「国際化」「子育て」「高齢者・障害者」「地域づくり」「調査研究」の六つのパーシャルネットが活動しています。

2 各パーシャルネットの活動

男女共生パーシャルネット

一九九七年にパーシャルネットが設置され、六つのパーシャルネットの一つとして、草の根ネットの基本理念でもある「男女共同参画社会づくり」をテーマにした、男女共生パーシャルネットができました。

1　第一次男女共同参画社会づくりにむけての草加市民意識調査

活動の基礎資料に

最初に実施したことは、活動の基礎資料とするための男女共同参画社会づくりにむけての草加市民意識調査でした。

設問は、シンプルに以下の五問。そのうち設問1と、5のaは、埼玉県調査と比較できるように「埼玉県平成六年度『考えよう男女平等』」と同じ設問にしました。

1　あなたは、男は仕事、女は家庭という役割分担に同感しますか？

2　「男の子」「女の子」という理由で子育てを変えていますか？

3　介護は主に誰の役割ですか？

4　町会・自治会などの地域活動に関わっていますか？

5　a　あなたの職場は男女平等になっていますか？

　　b　職場以外の日常的に関わっている場は男女平等になっていますか？

調査は、九七年二月にかけて、草の根ネットになんらかのかかわりをもっている団体や、主催事業である人権教育フォーラムの参加者、出前ミニフォーラムの出席者などに無記名でアンケート調査を実施し、五六二名（回収率六三・七％）の回答を得ました。

単純集計の結果から、性別役割分担に「同感する」人は、「同感しない」人より少ないなかで、男性は「同感する」人が女性の約二・五倍も多いという結果でした。年代が高くなると「同感する」人が多くなることなどもわかりました。

この結果を同年一一月に草の根ネットのネットワーク会議で報告しました。パネリストに調査協力団体の方四名、コメンテーターとして行政関係部署四名の方の出席を得て、調査結果を踏まえて話し合いをしました。

単純集計の作業やネットワーク会議から、性別役割分担意識の子育てや介護などへの影響について関心をもつ声が聞かれました。そこで、クロス集計をしてみることにしました。

クロス集計でみえてきたジェンダーバイアス

クロス集計で、性別役割分担意識は、子育て、介護などに影響していることが数値で表れてきました。それによると、性別役割分担に「同感する」と回答した男性は、子育てを性別で違った仕方をし、介護は「女性の役割」という気持ちがあり、日常生活の場は「男女平等になっている」という回答を高い割合で答えています。性別役割分担に「同感しない」という女性回答者は、子育ては性別によらず、介護は「社会全体の役割」という気持ちが表れています。その女性回答者は、地域活動には「関わりたくない」という回答が多く、その「関わりたくない」という意識の背景と思われるのが、職場も日常活動の場も「男女平等になっていない」という回答が高率で表れていることです。

しかし、性別役割分担に「同感する」と回答した女性回答者は、「同感する」といいながら子育てを性別によって「変えていない」という意識をもち、介護は「女性の役割」といいながら子育ては「個性や能力に応じて」という意識を強くもっていることもわかりました。

これらの結果を九九年一月にネットワーク会議で報告しました。出席メンバーは前回九七年一一月の会議の方々で、草加市民のもつ課題を共有化しました。

クロス集計の結果は、単純集計の結果を含めて分析を加え、同年三月に報告書『男女共同参画社会にむけて女の意識・男の意識――アンケート調査からみえるもの――』にして発行しました。

クロス集計することのおもしろさを実感

この調査のサポートをしていた当時獨協大学教授・鳥谷部志乃恵企画委員が、単純集計で使った個別データシートでクロス集計を試しにして見せてくれたときに、クロス集計でみえてくるもののおもしろさを実感しました。

当時は、男女共生パーシャルのメンバーは少なく、単純集計からクロス集計を二人くらいで整理をして作業量の多さに根をあげそうになりました。それを乗りこえられたのは、この「クロス集計でみえるもの」のおもしろさの実感でした。集計作業のなかで、数値の扱いがあいまいだったため、集計をやりなおしなくてはいけなくなったことなどもにがい思い出です。

しかし、その後のアンケート調査の集計での数値の扱いは、確実性を求めるようになったこと、また報告書づくりでその構成や原稿づくりのためのパソコン技術の習得など、得たものは多くありました。ワープロ専用機ではじめた原稿づくりですが、途中でワープロが故障し、見よう見真似でパソコンを使い始め、報告書ができあがるころには、基本的な操作ができるようになりました。

2　草加市制四〇周年記念事業
「パートナーシップによるまちづくりシンポジウム」からの課題

町会・自治会の女性役員の割合調査

一九九八年度、草の根ネットがアドバイザーとなって進めた草加市制四〇周年記念事業「パートナーシッ

プによるまちづくりシンポジウム」の市内七地区にわけたミニシンポジウムで市民から出された問題点のなかで、

＊町会・自治会への女性の参加（役員への就任）
＊男の料理教室（生涯学習の一環）
＊高齢者介護は女性の役割か

という男女共同参画社会づくりの三つのテーマがありました。そのなかから、男女共生パーシャルは、町会・自治会の役員のなかで女性が占める割合を調査してみることにしました。

草加市内の町会・自治会は一一五、町会連合会の理事会の承諾を得て、電話で、町会長、副町会長、その次の役職という上位三役職の男女の人数を聞き取り調査しました。予測したように、女性の町会長は一人、自治会長は二、三人で、副会長は皆無、次席役員でも少ない実態があり、地域でもっとも身近な組織のなかでありながら、女性の参画がまだまだ少ないことがわかりました。

町会や自治会長さんへの電話での聞き取りは思うようにはかどらず、町会連合会の理事会で時間をとってもらうようにお願いし、協力を求めに、現世話人である清水美津子さんと二人で意を決して出かけたのを思い出します。快いご協力を得られるとは思っていませんでしたが、町会連合会の理事を務める町会長さんの二、三人から調査協力への疑問があげられ、今考えても背中に冷や汗がにじむような気持ちになります。

この結果は、中央公民館まつりや彩の国国際女性フォーラムのワークショップなどで展示発表をしました。

3　第二次男女共同参画社会づくりにむけての草加市民意識調査

団体活動をしていない人の意識を知りたい

九七年度に実施した「第一次男女共同参画社会づくりにむけての草加市民意識調査」の集計分析作業をしているなかで、調査対象者に偏りがあることに気がつきました。第一次調査の回答者は、団体活動や草の根ネットの事業に参加している人であり、何らかの社会活動をしている人で、その活動のなかで啓発にふれている可能性のある人たちでした。第一次調査はそのような人たちの意識であって、草加市民の一般的な傾向とはいえないのではないかと男女共生パーシャルのメンバーは考えました。

そこで、団体活動に参加していない人たちの意識はどんなものか、第一次調査の結果と違いはあるのかを知るために、第二次調査を九九年七月から九月、前回と同じ質問で、無記名回答のアンケート調査を実施しました。前回と違うのは、調査協力員を募集し、調査協力員二七名の友人・知人のなかで、積極的に団体活動をしていないと思われる人に調査票を渡しての回収作業でした。一〇〇％の回収率で、六〇三名の回答を得ました。

第二次調査は、調査票のフェイスシートの質問項目のなかに年齢・性別の他に二つ追加しました。一つ目は、積極的に団体活動を「している」か「していない」かについて、二つ目は職業の就労状況・就労経験についてです。

六〇三名の回答者のなかで、回答者自身が積極的に団体活動を「していない」と答えたグループ（三八〇名）についてクロス集計と分析をしました。

就労の状況・経験別の分析は「性別役割分担意識」と「介護の役割」について着目し、クロス集計・分析をしました。その結果、「女性のパートタイマーとしての就労の現状が介護は『女性の役割』という意識に追い込み、介護が負い目になって就労を制約している」という傾向がみえてきました。

この結果を「楽しくイキイキと仕事をしたい！」のテーマで「平成一三年度女性学・ジェンダー研究・交流フォーラム」（国立女性教育会館）のワークショップでパネル展示をしました。

多かった「介護は女性の役割」という意識

第一次調査の「積極的に団体活動をしている」人と比較分析した結果、次のような違いがみえてきました。

＊大きな違いは、町会や自治会などの地域活動への関わりかたで、「関わっている」と回答している人は男性・女性ともに第一次調査は五〇％、第二次調査は二五％と少ない

＊第二次調査のほうに強く表れているのは、男女とも性別役割分担に「同感する」という意識は介護を「女性の役割」とする意識につながっている

＊女性回答者は、性別役割分担意識の介護への関わりの影響が強く、性別役割分担に「同感する」という人は介護は「女性の役割」、「同感しない」という人は介護を「家族全体の役割」とする意識がみえる

＊第一次調査でみえた「女性回答者の性別役割分担に『同感しない』、子育ては性別によって『変えていない』と答えていながら、介護は『女性の役割』であると介護を自分から切り離せない意識」は第二次調査のほうでは薄らいでいる

＊男性回答者の特徴は、第一次、第二次とも性別役割分担に「同感する」割合が高く、第二次調査では、性別役割分担に「同感しない」という割合が低い

第一次・第二次調査を通じて、男性回答者に性別役割分担について肯定的な意識が多く表れていることとな

ど、問題点と思われるものがみえてきました。それらの調査結果を参考にして課題解決のための活動をしていく必要を感じ、次に述べる「男の料理教室」の活動へと発展していきました。

4 「男の料理教室」の開催

活動への男性参画の糸口に

男女共同参画社会づくりにむけてのアンケート調査で、男性の固定的性別役割分担意識が強いことがみえてきました。その課題解決のための事業として、「男の料理教室」を、二〇〇〇年一二月を第一回として年四回の開催を続けてきました。

翌年六月、参加者のなかから「男の料理教室」土澤明世話人ほか、スタッフ三名が生まれ、その後の活動への男性参画の糸口となりました。また「男の料理教室」参加者が草の根ネットへ入会し、男性会員が増えることの一因ともなりました。

実施以前、男性会員は全会員の約四分の一でしたが、〇六年一二月現在、男性会員は、全会員の三分の一をこえました。

このような状況を国立女性教育会館「平成一五年度女性学・ジェンダー研究フォーラム」ワークショップで全国発信しました。入会のきっかけや事務局の仕事やパーシャルネット活動に積極的に参加していく経過を男性会員自らが発表し、草の根ネットの活動背景や会員構成などを掲示して、会場を満たした六三名の来場者と意見交換しました。この来場者がその後、紹介者となって草の根ネットの視察に草加市を訪れるなど、ワークショップの内容への反応が高いことを実感しました。

表１　「男の料理教室」実施内容

年	回数	講　師	メニュー	参加者数
二〇〇〇年	１回	杉村和茂	いかの漬丼、いかの塩辛、いかのホイル包み焼き	22名
	２回	杉村和茂	海鮮シューマイ、牛蒡とベーコンの炊き込みご飯 ＊オーボエとフルートの生演奏をききながらの試食	26名
	３回	杉村和茂、高橋さきえ	鶏肉の焼肉たれ焼き、卵・しいたけ（マヨネーズ焼き）、いりどり風お煮しめ	13名
〇一年度	４回	松原食品、男女共生Ｐのスタッフ	白豆腐、ごま豆腐、枝豆豆腐、ケララ地方のチキンカレー、蜂蜜入りビーフカレー、ドライカレー、ターメリック入りの肉入り野菜カレー、シーフードカレー、サラダ６種類	21名
	５回	黒川耐子、風間佳津子	ほかほかあったか鍋、大豆入りご飯（01年度定時総会懇親会用料理づくりのリハーサルも兼ねる。総会当日の懇親会用料理の調理担当・参加者10名）	22名
〇二年度	６回	杉村和茂	鰹のてこね鮨、鰹のカルパッチョ、鰹のたたき、鰹のさしみ	23名
	７回	杉村和茂	鰻の蒲焼と小海老の花椒炒め、生姜とベーコンの炒飯、胡瓜のパリパリ胡麻油あえ、レタスと余り野菜の簡単スープ	23名
	８回	森谷裕子	クリスピーピッツァ、コールスローサラダ、スープ・ジュリエンヌ、レモンゼリー	10名
	９回	森谷裕子	かに寿司、白和え、すまし汁、うぐいす餅（03年度通常総会・人権推進事業懇親会用料理づくりのリハーサルも兼ねる。総会当日の懇親会用料理の調理担当・参加者10名）	18名
〇三年度	10回	山崎春子	鯵のから揚げみどり酢かけ、茄子のはさみ焼き、さやインゲンともやしの胡麻和え、ザーサイスープ	18名
	11回	山崎春子	鯖ソテー・デユクセル、さつま芋とツナのうま煮、小松菜のザーサイ和え、鯖骨利用の船場汁	19名
	12回	刑部保美	冬のあったか料理	21名
〇四年度	13回	野村弘子	野菜と鶏肉の筑前煮、三色ご飯、豚肉とアスパラの梅しそ揚げ、セロリ・いか燻レモン和え（04年度通常総会懇親会用料理づくりのリハーサルも兼ねる。総会当日の懇親会用料理の調理担当・参加者11名）	20名
	14回	堀江寿美子	海老しんじょ、鯵のサンガ焼き、ハーブサラダ	22名
	15回	土師綾子	帯広風小どんぶり、ジャガイモとツナのカレー煮、五色野菜の和え物	16名
	16回	小林三四子	ロールキャベツ、厚揚げの揚げ出し豆腐風、キャロットサラダ、さつま芋の茶巾包み、かきたま汁	15名
〇五年度	17回	土師綾子	手綱ずし、和風春巻き、鮭のちゃんちゃん焼き	10名
	18回	小林三四子	鮭のまぜ寿司、豚肉のウーロン茶煮、トマトのサラダ、オレンジシャーベット	18名
	19回	土師綾子	秋刀魚のカレーソテー、簡単蒸し茄子の中華ダレ、きのこあんかけごはん	19名
	20回	小林三四子	牛肉のキノコロールデミソース煮込み、こんにゃくのぴり辛煮、春雨サラダ、焼きリンゴ	16名
	21回	小林三四子	海老のオイスター炒め、ジャガイモの巣篭もり、豚肉とリンゴのトマトソース、いなり寿司、オードブル（05年度通常総会懇親会用料理づくりのリハーサルも兼ねる。総会当日の懇親会用料理の調理担当・参加者10名）	11名
〇六年度	22回	秋元有子	トマトの冷製パスタ、白身魚の香草パン粉焼き、ミキサーいらずのかぼちゃスープ、ウーロン茶のゼリー	20名
	23回	秋元有子	さつま芋の炊き込みご飯、いかのワタ汁、鮭とキノコの包み焼き、季節の果物のプレート	22名

5　「固定的性別役割分担意識払拭への『男の料理教室』の効果」の調査研究の実施

「男の料理教室」の有効性は？

〇二年度、第一回Ｗｉｔｈ Ｙｏｕさいたま（埼玉県男女共同参画推進センター）「調査研究」助成二団体公募に応募したところ、選考がとおり、テーマ「固定的性別役割分担意識払拭への『男の料理教室』の効果」の調査研究を実施しました。

この調査は男性が「料理教室」に参加することにより、性別役割分担意識の払拭にむけて変化をもたらしたかどうかを聞き取り調査し、「男の料理教室」の有効性や、実施方法のあり方を模索することです。そして、男女共同参画社会づくりの推進に対して提言したいという思いもありました。

まず調査員を募集し、その調査員といっしょに聞き取り項目などの検討をし、その後聞き取り調査を実施しました。

調査対象者のおいたちや家族構成、家計の管理などを聞き取る面談では、調査拒否も一事例ありましたが五三事例の聞き取りをすることができました。聞き取り調査は、ほとんどのスタッフが初めてでしたので、何度も話し合い、マニュアルを作ることによって、調査に対する調査員の男女共同参画についての意識の共有化をしました。

このように準備してのぞみましたが、最初は緊張して話がうまく進みませんでした。面談を重ねていくうちに会話がはずみ、様々な体験談、人生観など聞くことができ、興味深い面談もあったようでした。

料理教室の効果を考察した結果は、意識の払拭者はわずかでしたが、ほとんどの参加者は家庭内での家事分担や妻に対する協力などが積極的になるなど、行動の変化がみられました。

また、一方では、趣味の域にとどまり、実習したことが家庭で活かされていない事例もありました。妻が食事づくりの場を渡さないなど、女性の性別役割分担意識を変えることが要因と考えられます。料理教室に参加したことが契機になって、人間関係が広がっていることもわかりました。

一事例ずつ考察をすることで、メンバーどうしが性別役割分担意識についての理解を深めることができました。調査全般はもちろん、報告書づくりなどの過程でメンバーが学んだことは大でした。

これは、〇三年六月に、Ｗｉｔｈ Ｙｏｕ さいたま 男女共同参画週間記念事業「調査研究報告会」で報告しました。

さらに、〇三年度国立女性教育会館「女性学・ジェンダー研究フォーラム」ワークショップで、男性会員の入会のきっかけとなる「男の料理教室」と、その参加者が草の根ネットの活動に参画し、活動の広がりの一役となっていることをテーマにして、全国発信しました。ワークショップ来場者からは、草の根ネットの活動や運営が参考になったという感想とともに、「会員の人間的魅力、熱意に感動した」「取り組み方がよく感動した」という声が寄せられました。また「男の料理教室」参加者の行動の変化をうながした事業として、男女共同参画社会づくりにむけての課題解決のひとつとして参考となったことは、来場者アンケートから窺えました。

（担当　高橋さきえ・清水美津子）

〈かかわった人の思い〉

社会参加の場であると同時に「自己実現」を果たせる場

清水美津子
●男女共生パーシャルネット世話人（第三代）

男女共生パーシャルの世話人を引き受けて二〇〇六年で六年になります。この会に入会登録をしたのは一九九七年だったと思います。当初三年くらいは興味、関心がなく、送られてくる「通信」だけは、さっと目をとおしていました。通信に載っている名前が会長をはじめほとんど女性が多く、ボランティアでありながら、様々な課題に積極的に取り組んでいる団体であるということは実感していました。

それから二年後「時間ありそうね、ちょっと手伝って」と頼まれ、男女共生パーシャルの第二次「男女共同参画社会にむけて『男の意識・女の意識』アンケートからみえるもの」の調査員になりました。今にして思えばこれが、当会への会員としてデビューした日だったのです。そして、この調査の集計作業に関わることになり、前世話人が引っ越されていったこともあり、私が世話人を受けたわけです。

ちょうどその頃は、小学校・中学校で八年ほど関わっていたＰＴＡ副会長を、子どもの卒業と同時に終わった時期でした。このＰＴＡ活動をとおして社会に関わりながら充実した毎日を送っていたのに……。数種のサークルに関わってはいたが、社会から取り残されたくないとの思いがあったのは確かでした。でも同じ頃、草加市教育委員会で社会教育指導員として勤務することにもなりました。

＊　＊　＊

この会で活動するなかで感ずることはいくつかありますが、まず、学びの場であり自己成長できる場、切磋琢磨する場であること。それは、粘り強いリーダーである会長のもとで多くの人材が確実に育っていることからもわかります。つぎに、社会問題に目を向けた課題解決事業や行政との協働のありかたなど取り組んでいますが、その活動の成果が明確にみえること。そしてネットワーク型社会づくりなどです。また、自分が直接関わっている男女共生パーシャルで数種の男女共同参画社会づくりにむけての調査をし、報告書にまとめる過程で多くのことを学びました。とくに学習を深めたことは、企画の仕方（すすめ方）、男女共同参画に関する社会の動きや専門用語の意味、草加市内の情報をたくさん収集できたことなどです。実施した調査の結果からみえてきた課題解決のための実践として「男の料理教室」を開催し、今も継続していることも大きな収穫です。それにともなって男性会員が増えてきて、この会が発展していることはうれしい限りです。

＊　＊　＊

入会当初は男女共同参画の知識はほとんどなく、性別役割分担意識は肯定的な気持ちのほうが強かったと思います。男女共同参画社会づくりの活動に関わってから、性別役割分担意識の払拭に、わずかずつめざめてきたようです。この払拭には根深いものがありそうで、地域社会に目を向けると女性差別や女性軽視は、家庭や職場、学校など、毎日の生活や人間関係のなかに、まだまだ根強く残っていると思います。

今後の活動として、男女共同参画社会づくりにむけての啓発活動を続けていく必要性を感じています。大人になってからの生活姿勢は、生育時の、とくに両親の姿勢が影響するのではないかと実感しているので、市内の幼児、小中学生を対象に、親子で楽しくできるもの、そして、わかりやすく自然に身についていくようなものをやってみたいと思います。また、地域にどっと戻ってくる団塊世代の知識、経験、人脈にも注目したい……。

人が地域活動（ＮＰＯ活動）に参加するのは、心にある「こころざし」を抱いたときだと思います。一人だけでは成し遂げられない「こころざし」も、地域活動に参加して与えられた役割を果たすことによって、実現できることもあるのですね。こうした活動を社会参加の場であると同時に「自己実現」を果たせる場として、今後も参加していきたいと思います。

〈かかわった人の思い〉

「男の料理教室」の世話人を担当して

土澤　明●男女共生パーシャルネット
男の料理教室　世話人

草の根ネット主催の「男の料理教室」に隣人から誘われ初めて参加したのは二〇〇〇年一二月のことでした。好物のイカ料理は、刺身をバラの花の形にしたり、海苔やシソを挟んで巻物にしたり、塩辛づくりなど超楽しく、大はしゃぎしたことを覚えています。それだけではなく、草加市文化会館の実習室は、調理台が七卓もあり明るく新鮮な体験でした。講師をはじめ、各テーブルにはスタッフと称する女性がついて、手際よく、わかりやすく指導していただいたことも強く印象に残っています。試食後、宮本会長から出席者に対して、入会案内の説明があり、市民のためにいろいろいいことをやっている団体で、会費も無料なら登録だけでもしておこう、と気軽に入会を受諾してしまいました。

翌年、ネットワーク通信が私にも届き「男の料理教室」開催案内がありましたので、さっそく隣人とともに参加しました。二〇〇一年二月のことでした。シュウマイ作りでは、蒸し器に詰め込みすぎて、出来あがりが隣同士完全にくっついて一体化し、取り出してはがしたら、形にならず大失敗でした。終了後、高橋事務局長から声を掛けられ、これから反省会をするのでちょっと話をしたいと言われ二〜三の人が誘い込まれました。

話の内容は「男の料理教室」を男性の立場からも支援推進してほしいというものでありました。そのほかでは多岐にわたり、市民の幸福と発展を目的に、行政へ働きかけをし、具体的に行動に移し活動している団体であることの説明を受けました。わが草加市にもこのような素晴らしい団体があることと、会長も事務局長も女性で、まさにウーマンパワーの団体であることを初めて認識をし、むしろ私のほうから、力が及ぶかどうかわかりませんが今後協力したい旨回答をしました。

＊　＊　＊

その後、企画委員にもなってほしいとの要請に対しても快諾しました。そして定例の運営委員会にも出席しましたが、メンバーが真剣に問題討議をし、行動に移そうという姿勢に感動すら覚えました。また、総会に出席しましたが、市長、市議会議長、教育長をはじめ、関連の市職員も出席され、この草の根ネットに対し、ともに活動しようと激励の言葉があったことにも、この会に対する期待度が窺われました。そして二〇〇二年八月、念願のNPO法人化が承認され、さらに活動も拡大されようとしています。

当会には六つのパーシャルが設けられていますが、目的・目標はただ一つ「住みよいまちにしたい」、そのために自分達に何ができるのかを探り、それぞれに、改善活動に私的時間を割き、地道に努力しています。名称『草の根ネット』の「草の根」は、葉や花と違い、目に触れず地下にあって、大地から養分を吸収し、茎、葉、花に供給するという重要な役割ですが、さらに異なったそれぞれの根をネット化し、組織された団体として当会の存在を位置付けしているのかと思います。

本会が「男の料理教室」を開始して〇六年六月で五年半になり、私も二一回すべて参加させていただきました。現在、私は男女共生パーシャルのメンバーとして、「男の料理教室」の世話人を担当させていただいていますが、スタッフの皆さんや講師の方、そして教室に応募して来られた方々との交流も楽しく、主婦のたいへんさ、料理の楽しさ、難しさなどこの教室を通していろいろ認識をさせていただきました。退職後まもなく参加した「男の料理教室」は、家庭生活に大きな変化と影響がありました。

＊　＊　＊

私は昭和一二年生まれで、一つ歳下の妻と二人で年金生活をしています（二人の娘は結婚して草加を離れ別居）。現役時代と変わらぬ過密スケジュールで老化対策をしていますが、時に物忘れ、二重約束などで迷惑をかけてしまうことも出てきました。そして大きな変化は、老夫婦の生活パターンです。家事の半分は私がやるようになったからです。妻との間では、家事は担当を決めず、「やれる時やれる人がやればいい」ことにしました。

たとえば、朝食は先に起床したほうが準備し、食べ終わると、私は新聞読み、妻は描きかけの絵画のところへ行くか、庭へ出て植木や草花、とくに洋蘭の手入れのために席を立ってしまいます。後片付けは、ほとんど私になります。昼食、夕食準備は、協働が多く、リーダーシップは妻で、私はアシスタントとなってしまいます。それはキャリヤの差で致し方のないところで、そのぶん、後片付けでバランスしています。
妻は家事を軽減したぶん、開放感、爽快感、満足感が増したように思います。しかし、私が多忙で外出が多く、家事ができない状態が続くと、当然不満が出てきます。そのときはちょっと気配りをして接待（外食、ショッピング、芸術鑑賞・芸能観賞、旅行など同行）してあげるようにしています。「病は気から」といいますが、これもお互いの健康管理かとも思っています。

＊　＊　＊

「男の料理教室」ではいろいろ学ばせていただきました。一番大きな収穫は、主婦の仕事の一部が理解でき、家事に協力できるようになったこと。そして参加者の皆さんそれぞれの素晴らしさにふれさせていただいたことだと思います。料理用語、料理技術など、多少は覚えましたが、まだ家庭で十分成果を発揮できるまでにはほど遠いものがあります。参加者の方達も遊び感覚で楽しく体験していただくのがいいのかなとも思っています。

「男の料理教室」における今後の課題は、

1　若年層参加の皆無
2　教室の特徴・特色の創出
3　教室仲間の固定化傾向

などがあります。これらを対策し、これからも一人でも多く「男の料理教室」に参加していただき、それが男女共生精神の醸成につながってほしいと期待しています。

国際化パーシャルネット

1　外国人に㋲住みよいまちづくりを

一九九五年度文部省委嘱「女性の社会参加支援特別推進事業」を受け、そのなかで他地域より外国人の多く住む草加地域の特性から、「彩の国誰にも住みよいまちづくり—外国人に㋲住みよいまちづくり」事業を実施することになりました。

事業の基礎資料をつくろうということで、草加地域に住んでいる外国人が、どんな考えをもって、ここに住んでいるかを聞き取り調査（サンプルリサーチ）をしようということになりました。また、外国人にも住みよいまちづくりの参考にすることを目的に、市内公共施設などの現状調査（アクションリサーチ）を行なったり、市民へのアンケート調査も行なうことにしました。そして、勉強会として「国際化と地域づくり」というテーマで埼玉大学（当時）・野元弘幸氏による講話と、外国籍市民による発表の場を作りました。

サンプルリサーチ

九五年八月一日から九月一七日、草加市在住・在勤の外国人三七名への面接による調査を行ないました。質問項目やその内容にもこだわり、作成にも時間をかけました。また、相手から本音を聞きだすために、面接する人間の選定にも考慮し、草加市姉妹都市協会（現・草加市国際交流協会）の会員や外国人のための九か国語による情報紙発行をしていたボランティア団体「インフォメーション草加」（五六ページ参照）にも調査協力を依頼しました。

インタビューにはなるべくその外国籍住民をよく知り、信頼関係のある人が会って、時間をたっぷりかけて行ない、本音を聞き出すという手法を取りました。その結果、なかには三時間以上時間をかけた方もいました。

『私のまちの外国人―一〇〇人に聞きました―』の発行

九六年度は前年度に引き続き、もう少し多くの外国人への聞き取り調査「サンプルリサーチ」を行なうことにして、九月から一二月にかけて草加市在住・在勤の外国人四一名への面接による調査を行ないました。また、九七年には、九五年、九六年と二年間行なった外国人への聞き取り調査「サンプルリサーチ」の精度をさらに高めるためにもあと二二名に調査を行ない一〇〇人の調査とすることを決め、九月から一月にかけて、草加市在住・在勤の外国人二二名への面接によるインタビュー調査を実施しました。

二〇〇〇年二月には九五～九七年度と行なったこの「サンプルリサーチ」外国人インタビュー調査・報告一〇〇名分をまとめ、会員の手づくりで一冊の本『私のまちの外国人―一〇〇人に聞きました―』として発行しました。印刷作業のほかに原稿作成などのパソコン作業担当者は六回の会合を持ちました。この調査を通して「自分たち外国人を一人の人間として、同じ仲間として日本で暮らしたい」という彼らの思いが強く感じられました。

アクションリサーチ――七部門の実態調査

草加地域が、外国人にとっても住みよいまちであるかどうかを、日本人と外国人がグループを組み、以下の七部門について実態調査を行ないました。

【1　公的機関】　市役所では、「英語以外での対応はできない」「数種類の外国語（三〜八か国語）での生活案内やお知らせを転入者は受け取る」ということでした。

図書館や公園、プールなどの施設では、「英語以外での対応や案内文はどこもできない」「どこもあまり外国人の利用はなく、外国人の使用を想定した準備や利用可能なものはない」。また「施設自体がどこにあるのか何年も草加で暮らしていても知らなかった」という声もありました。

【2　医療】　草加市立病院を訪問し、患者として利用してみての様子を調査しました。すると「診察申し込み、予診カード記入、再診時のコンピュータによる受付など日本語がわからないとかなり難しい」（あとで一か国語での案内があることがわかった）。診療科目は英語がついていたが、英語がわかる人でも専門用語をわかる人は少なかった。

【3　交通】　今回の調査では日本語のわかる方たちだったので、公共交通機関の利用に関しては問題はありませんでしたが、ローマ字による表記は駅や道路標識になく、日本語がわからなければ目的地に行くのは難しい。自動券売機の利用もかなり大変であることがわかりました。また、自動車を利用したいので免許をとる方法について尋ねられました。

【4　防災】　実際に避難場所に指定されている小学校に行き調査。すると、避難場所の表示が目立たず、日本語だけでした。また、いざというときの、外国人への情報やそのおりの伝達方法がわからないという切実な問題も浮上しました。

【5　情報】　外国人の利用の多いと思われる「草加市公共職業安定所」と国際電話をかけられる公衆電話を調査しました。

公共職業安定所では、毎日ではありませんが、英語・スペイン語・ポルトガル語での対応ができ、求職に関する五か国語のパンフレットがあります。滞在資格のない人の利用はできません。平均して毎日三〜四人くらいの外国人の利用があります。

国際電話がかけられる公衆電話は、市内の街中に四か所、外国料理の飲食店六か所の中に設置。ＮＴＴとＫＤＤに話を聞くと、公衆電話の国際電話通話頻度上位三国は、イラン、パキスタン、フィリピンで、九四年八月以降減少しているとのことでした。

【6　教育・子育て】　①聞き取り調査――子育て中の外国人女性三名（うち二名は日本人の配偶者）に、以下の五つの項目について聞き取り調査を行ないました。

〈出産〉一名は言葉や病院の対応が不安で帰国して出産。一名（日系人配偶者）は子どもの国籍取得のためアメリカで出産。一名は地元の産科を探したが希望に合わず、東京で出産。

〈乳幼児の健康〉定期健康診査は連絡がくるので、どうにか受けた。一名は無料で予防接種を受けられることが最初わからず、小児科で高い料金で受けていたと話していました。

〈幼稚園、学校〉保育園や幼稚園選びに困った。お便りが読めず、夫や義母に頼ったり、近所の人にいつも頼むのに気が引けたりした。一名の方は、「外人」と子どもがからかわれたり、皆と同じという日本人の考えについていけないこともあったと話していました。

〈習慣の違い〉日本の習慣に従って七五三などをしたが、その姿を見て複雑な気持ちになる。日本に来たら、日本人になれと皆が考えているように感じられる、という声が聞かれました。

〈母語教育〉子どもとは母語でしか話さない、母語は教えているが使う機会がない、できたらいいと思うがまだ教えていないと、それぞれでした。

②草加市教育委員会での調査　　外国籍児童・生徒の数は、小学校七一名、中学校三二名（九五年、日本国

籍だが日本語を理解しない子どもは含まれず）、転入手続き者数は一二名。入学、転入の手続きとしては、就学を希望する場合は受け入れているが、外国人登録をしていることが必要。そして就学通知は日本語だけで出しているとのことでした。

特別指導が必要な日本語に不自由している子どもは、年に、二、三校。県からの日本語指導担当非常勤職員派遣制度があり、日本語指導資料もあります。また、各校での国際理解教育では、いろいろな国の資料や物産の展示、教科のなかでの学習がされています。ＡＬＴ（語学指導助手）制度は八七年から取り入れており、英語の発音にプラスになったり、外国人に対する気後れをなくしたり、国際理解の広がりにも役立っているようです。

③乳幼児保健について　市民課窓口で配布される母子手帳は、外国人が妊娠した場合も、外国で生まれた子どもが転入した場合も交付されることになっていますが、窓口での徹底はされていませんでした。英語、中国語の母子手帳は（財）ジョイセフから八〇〇円で購入できます。

予防接種に関しては、保健センターでは、厚生省作成の「予防接種のしおり」英語版は一冊しかなく、来客者に見せることもできない状態でした。

④図書館児童室での調査　外国語絵本は日本人児童の英語学習のため、英語約九〇冊。また寄贈品としてスペイン語絵本が約一五冊ありました。

【7　日常生活】　駅では、ローマ字表記のないこと、切符の買い方が複雑なこと、電車のドアの開く方向が一定でないことなどに困る、などでした。

また、銀行により、機械や手続きの表現も違う。外国人には機械での振り込みは不可能であることがわかりました。郵便局でも英語での料金表、ポストの表示がほしいといった意見がだされました。

魚屋での大声のあいさつが脅しのように聞こえたり、品名や値引きのシールの意味がわからないといった声もありました。

ゴミ出しに関しては、間違えて出して戻したのに、近所の人に怖い目で見られた、という経験をした方もいました。

アンケート調査――高齢化社会・男女共生・外国人との共生について

「誰にも住みよいまちづくり―外国人にⓂ住みよいまちづくり」事業を推進するために、地域の実態を把握し、活動の基礎資料とするために行ないました。

アンケートの主題としては、調査時社会的課題となっていた「高齢化社会」と「男女共生」に合わせて、草加実行委員会のテーマである「外国人にⓂ住みよいまちづくり」として「外国人との共生」を取り上げました。

一般市民のアンケート調査結果は各パーシャルへフィードバック

一〇代から七〇代の二六〇名（回収数一九二、回収率七三・八％）にアンケート調査を行ないました。

「高齢化社会」については、この言葉を九四％が知っていて、「いまのうちに皆で対策を考えなければと思う」が九二％。高齢者自身が困っている上位三つのことは介護三〇％、医療・保険二一％、家族関係二一％。高齢者でない人の上位三つは介護七五％、医療・保険四九％、お金のこと三三％。いずれにおいても介護の問題はトップでした。

このことは、のちに立ち上げられた高齢者・障害者パーシャルネットで介護の問題を追いつづけることにつながります。

「男女共生」については、言葉については「よく知っている」一九％、「聞いたことはある」四六％で、家事・育児を夫婦協力することについては、「個々の家庭の問題だ」四三％、「望ましい」四八％が拮抗しており、介護については、「基本的には家庭であるが、状況によって公的機関を利用する」が六九％とまだまだ男女共同参画への啓発が必要であることをうかがわせていました。

この調査は、のちに、男女共生パーシャルネットが男女共同参画社会づくりにむけての「草加市民意識調査」を二度にわたって行なうもとになりました。

「外国人との共生」については、「まわりに外国人居住者がどのくらい住んでいるかご存じですか」の問いに「知らない」と答えた人は七四％、「付き合いのある人」は一六％、そのうち、「どんな付き合いか」については、三六％の人があいさつ程度で一番多く、「外国人と日本人が共生していくために地域がどのようなことをしていけばよいと思うか」について、「困りごとの相談や手助けをする」四一％、「交流会をする」三三％という結果でした。

このことから、より深いコミュニケーションの取れる場作りの必要性が見えてきました。

町会・自治会長がどのような考えをもっているか――町会長の部

町会・自治会が「高齢化社会」「男女共生」「外国人との共生」などに、どのような対応をしているか、また町会・自治会長がどのような考えをもっているかを知ることを目的に町会・自治会一〇八団体（回収数七五、回収率六九・四％）の各会長にアンケート調査を行ないました。

「高齢化社会」については、「六五歳以上の高齢者だけの世帯」が「かなりある」が四七％、「敬老の日などに対応している」七五％、地区社会福祉協議会については、「非常に重要だ」五一％という結果が出ました。

「男女共生」については、町会で女性がしている役割は「班長などをしているが名前は世帯主になっている」五九％、「女性は町会活動にどのような形で参加するのがよいか」の問に対しては「男性と全く同じように参加したほうがよい」五五%となっていますが、実際には「会長、副会長をしている」は一一%にすぎず、世帯主の名前で夫の代わりを務めている女性が多いことがわかりました。

「外国人との共生」については、「どのくらいの外国人が住んでいるか知らない」五三%、外国人居住者と町内の人々との関係については、「ほとんど交流がない」七三%、外国人居住者の町会・自治会への加入については「していない」七九%、交流については「何かしたほうがよいと思うがどうしたらよいかわからない」五五%という結果でした。

町会・自治会長自身が地域に住んでいる外国人を知らない実態がうきぼりになり、地域からの国際化の必要性が見えてきました。

2 ネットワーク会議の開催

草加市制四〇周年記念事業とのかかわりから

九七年には、みんなのまち・草の根ネットの会の総会においてパーシャルネットという考えが発生し、六つのパーシャルネットのひとつとして「国際化パーシャルネット」もできました。

そして翌年の九八年度「草加市制施行四〇周年記念事業パートナーシップによるまちづくり」に協力し、七か所でのミニシンポジウム、その後の全体シンポジウム「二一世紀に向けての新しいコミュニティづくり」に国際化パーシャルも関わりました。そのなかで、年々増えている定住化する外国籍児童・生徒の問題として出てきた、

＊言葉の通訳だけでなく、子どもや親の心のケアをすることが文化や習慣の違いを感じている人には必要

＊年齢だけで転入を決めるのではなく、その子の状態を理解したうえでの受け入れをするなどのきめの細かい対応が必要

という課題の解決を図ることを、国際化パーシャルの活動としていくことにしました。

そのために、メンバーとの話し合いや情報交換を目的に定期的にパーシャル会議を次年度より開くことを一一月二四日のパーシャル会議で決めました。

外国人との付き合いのあるボランティア協力の必要性を実感

前年の九八年度、外国籍児童・生徒の問題として確認した課題解決に向けたパーシャル会議をもつなかから、学校での対応には外国人との付き合いのあるボランティアが協力していくことが必要だという認識をもち、関係者が集まり話し合う必要を感じました。そこで二〇〇〇年二月、教育委員会、教員、外国籍児童・生徒の保護者、ボランティア団体メンバーによるパネルディスカッション、ネットワーク会議「国際理解教育の中で私たちにできることは?―現状と展望―」を開催しました。

ネットワーク会議の開催にあたり、会議のタイトルや形式、パネラー依頼、教育委員会との打ち合わせなど直接的な準備のほかに、正しく現状を知るために実態調査も行ないました。

草加市および埼玉県教育委員会で、外国籍児童・生徒の人数と、その対応について調べたり、草加市窓口通訳制度、公民館、ボランティア団体（情報紙発行、日本語教室）などでも聞き取り調査を行ない、当日展示として発表しました。

前年のパネルディスカッション後、〇二年度からの小・中学校での総合的な学習の時間導入も視野に入れ、四回のパーシャル会議で「外国籍児童・生徒への適応支援」と「国際理解授業（国際理解）の手伝い」の二つを国際化パーシャルのこれからの活動の柱とすることにし、四回のパーシャル会議をもち活動の方向性を

探りました。また何校かで実際に活動も行ないました。

学校にボランティアとして入ろう

〇一年一〇月二八日にネットワーク会議「草加市の外国籍児童・生徒の現状と支援〜学校における市民ボランティア〜」を開催しました。

これは、パーシャル会議を重ねるなかで、外国籍児童・生徒（その親も含む）への支援や、国際理解に関することは、外国人との対応の経験や、ノウハウのある人間が関わることが大事であるということが確認され、学校にボランティアとして入っていこうということになり、仲間を集うために企画しました。

内容は、

＊教育委員会担当者からの草加市の現状の発表

＊ワークショップでは、他市での取り組みの紹介として鴻巣市こうのとり日本語教室の鈴木悦男さんの具体的な日本語支援のお話と国際化パーシャルメンバーの桑尚彦さんの中国帰国家族の世話をしてきたボランティア体験談を聞きました。

参加者のなかにはその場でボランティアとして登録してくださる方もいました。

また、翌年二月から四回にわたって、外国籍児童・生徒の日本語指導の勉強会・講座「日本語を学びたい子どもへの接し方」（講師・ＡＪＡＬＴ〈国際日本語普及協会〉所属教師・松尾恭子さん）を開催しました。

これは実際に日本語支援で学校に入るためには、技術も必要であるということでボランティア仲間でもある松尾恭子さんの協力を得て企画し、実施しました。

経験を生かした、具体的な子どもへの接し方は説得力のあるものでした。たとえばまったく日本語のわからない子どもには、袋に何かいれて「なに?」と聞き、取り出して「えんぴつ」ということを繰り返し行なうこと、役割を交替して子どもにも言わせるとよいなどということです。

講座を受け、「日本語は日本語で教えることができる」「生活言語と学習言語の取得は異なる」という二点を日本語支援をしていくうえで大事なものと考えるようになりました。

また、この講座には市内の日本語教室のボランティアの方も多く参加され、ネットワークが強くなりました。こうした仲間づくりが、その後の活動を発展させていくうえで大きな力になりました。

3 「国際相談コーナー」オープン

「国際ルーム」を開きたい

〇二年九月に、「市長とのいきいき市民懇談会」に国際化パーシャルネットとして応募し、草加市の外国籍児童・生徒の現状と今まで行なってきたことを説明し、二〇〇〇年度に決めた「外国籍児童・生徒への適応支援」と「国際理解授業（国際理解）の手伝い」という二つの柱の活動が草加市において必要であるということを話し、「国際ルーム」を開きたいと提言しました。

「国際ルーム」とは、そこには外国人も日本人も集い、お互いできることを提供したり、受け取ったりできる場所です。また、必要な資料や情報を揃えたり集めたりして、それを有効に使ってもらう仕組みがある場所です。決して外国人が一方的に支援を受ける場所ではなく、お互いに自分と違う文化について理解を深めることができる場所であると考えました。

市長との懇談会後「国際ルーム」実現に向けて、市側担当者と話し合いを一〇月末から一一月にかけ四回もち、具体的な場所や事業案を決めていきました。それ以降は担当部署となる男女共生・交流課（現・人権共生課）と事業計画、当番、支出内訳などについて頻繁に打ち合わせを繰り返しました。場所も当初予定の市役所外の施設から、庁内への設置という変更もありました。

その他に、「国際ルーム」（市側より後に「国際相談コーナー」という名前に変更された）運営のスタッフ募集のために〇三年二月一二日に「国際化ボランティア説明会」も行ない、次年度の開設に向け、スタッフや当番として活動してくれる人を見つけることができました。

活動の四つの柱

〇三年四月一日の国際相談コーナー開設にあたり、市長をはじめ担当職員、スタッフとの会合を経て市役所内（本庁舎西棟二階）に、月・水・金曜日、午前九時から午後五時の体制でスタートすることを決め、四月二日水曜日より動き出しました。

七月から一一月半ばまでは、毎週日曜日、草加駅近くの物産情報館にて午後一時から五時まで、国際相談コーナーを設置しましたが、利用者が少ないことや資料などを用意できないことからその後中止しました。

市民から課題提案をして、行政が必要性を認め費用（委託事業ではなく、事業に対する助成金）と場所を提供し、ＮＰＯが経験とノウハウを労力として提供するという、まったく新しい形の住みやすいまちづくりのためのパートナーシップ（協働）がスタートしたのです。

活動の柱の四つの事業と利用状況は**表1**のとおりです。

表1の①の事業の件数が多いのは、学校での日本語支援が継続的に行なわれた結果です。また、②の具体的な支援内容は多岐にわたり、庁内での書類手続き支援から、弁護士・行政書士へ話をつなげていっても解決が難しいものまでいろいろでした。

利用者の声としては、母国語で相談できる場所があることを喜び、日本での子どもの学校生活が不安であった親からは、通訳から買い物までの支援に対して非常に感謝されました。

スタッフによる月例会を毎月第二土曜日午後（八月を除く）に開き、相談に対する対応を学んだり、日頃一同に顔を会わせることのないスタッフの情報交換の場としました。

課題としては、外国籍児童・生徒の日本語支援では、教育委員会が臨時雇用する国際理解教育補助員との根本的なつながりがないため不都合を感じたことでした。次年度の教育委員会との話し合いの必要性を感じました。

行政との新しい形の協働ということで、周りからも注目を集め、スタート時には新聞三紙による紹介、NHKラジオ取材・放送、『埼玉自治』（二〇〇三年九月一五号）で紹介されました。

表1　国際相談コーナーの活動の4つの柱と利用状況（2003年度）

①外国籍児童・生徒サポート事業（370件）
- 転入時の諸手続きサポート
- 学校・保護者とのコミュニケーションのサポート
- 日本語支援

②外国籍市民の生活サポート事業（404件）
- 生活情報提供（相談、行政手続きおよび関連資料収集、管理、保管）
- 異文化のなかでの子育てサポート

③国際理解・啓発事業（95件）
- 学校での国際理解授業教育協力
- 国際理解ボランティア養成
- 広報活動（広報誌発行・市民まつりへの参加）

④交流事業（16件）
- 外国籍市民間、および市民との交流
- 外国籍市民に関わる団体（ボランティア団体、民生委員、日本語教室など）との交流

⑤その他　①から④に分類できないもの（44件）
- コーナーへの問い合わせ
- スタッフへの問い合わせ・登録

年間利用者数　のべ574人（開設日数173日）
スタッフ数
コーナーでの当番15人、協力者22人
（年間利用件数　のべ929件）

表２　国際相談コーナーの利用状況
（2004年度）

①外国籍児童・生徒サポート事業	602件
②外国籍市民の生活サポート事業	358件
③国際理解・啓発事業	59件
④交流事業	44件
⑤その他	33件

年間利用件数　のべ1096件
年間利用者数　のべ536人
開設日（月・水・金）数145日、開設日以外92日
スタッフ数　コーナーでの当番12人
　　　　　　協力者23人

表３　国際相談コーナーの利用状況
（2005年度）

①外国籍児童・生徒サポート事業	1362件
②外国籍市民の生活サポート事業	372件
③国際理解・啓発事業	78件
④交流事業	29件
⑤その他	29件

年間利用件数　のべ1870件
年間利用者数　のべ832人
開設日（月・水・金）数146日、開設日以外104日
スタッフ数　コーナーでの当番13人
　　　　　　協力者33人

教育委員会とのつながりも

〇四年には国際化パーシャルの活動は、引き続き国際相談コーナーの運営であり、一年を経て活動内容を理解するようになり一歩進んだ取り組みもできるようになりました。

たとえば、外国籍の子どもを日本の学校に入れることに不安を感じている保護者のために、「草加での学校生活―小学校―」をルビつき日本語との対訳で、英語、中国語、韓国語、ポルトガル語で作成しました。学校生活のことから、持ち物、給食（用意するものから、給食費振込みまで）、ＰＴＡ、成績表の見方、持ち物のイラストまであり、そのつど誰かに尋ねる必要がなく、役に立つと好評でした。

教育委員会とも、担当課を通し話し合いをもち、国際理解教育補助員（日本語指導に当たる臨時職員）と

のつながりがもてるようになりました。

支援体制に重きが

〇四年度は、〇三年度に比較してみると、全体における①外国籍児童・生徒サポート事業の比率が、三九・八%から五四・九%へと増加しました。これは、教育委員会との話し合いが進んだこと、それぞれの学校での日本語支援が一時的なものではなく、必要とされている間行なわれるようになったことを反映しています。

国際相談コーナーの様子

課題としてはスタッフ登録者の活用があげられます。国際化に関するボランティアとして、活動に協力したいということで登録してもらっている方の数も増えていますが（約八〇名）、活動分野や時間帯などうまくかみ合わず実際の活動を行なうにいたっていない方がほとんどというのが実情でした。実際に活動に参加してもらえるような取り組みが必要と感じました。

三年目を迎えた〇五年度の活動は、外国籍児童・生徒の日本語支援にその比重がかかりました。教育委員会採用の国際理解教育補助員の雇用人数・時間の削減もあり、国籍児童・生徒サポート事業の件数が前年度比二二六%となり、今まで以上に教育委員会と連携を深めることになりました。

草加市全体の外国籍児童・生徒の日本語指導を考えていくためには、受け入れ時に日本語能力を見極め、それぞれの子ども

国際相談コーナースタッフメンバーの年度末懇親会

にあった指導計画が必要であると考え、子どもごとの「見極め票」のようなものを作成したいと考えています。また、三年目ということで担当課の人権共生課より、来年度以降の事業形態の見直しについて打診されました。

4　外国籍児童・生徒・市民への支援

五回のサマースクールと学校外勉強会の開催

○四年、長い夏休みの間に、日本語文化を背景としない児童・生徒に日本語で人と接する環境を提供すること、日本人にもどうかするとわかりにくい夏休みの宿題の手伝いをするなどを目的に「サマースクール」を全五回、市立中央図書館にて企画しました。

子ども達にとって普段は会うことのない、他の学校の仲間とも知り合える初めての場でもありました。スタッフにとっても、それぞれの得意な分野で子ども達と接することのできる場になりました。一緒に参加した親からは、「このような場が夏休みだけではなく、つねにあれば良い」との声もありました。

○五年には、学校外での勉強会も開催しました。子どもの成長、小学校高学年・中学校相当年齢での転入により、義務教育後の子ども達の進路が問題になってきています。

学校での取り出し授業による日本語支援だけでは高校および上級学校への進学に不安がある子も多く、教科の内容に関する日本語の指導の必要性も感じたため、六月より学校外での勉強会を週一回行ないました。

外国籍市民のための「ガイドブック草加」

外国籍市民のための「ガイドブック草加」（英語、中国語、韓国語、ポルトガル語—一九九三年作成、二〇〇一年改訂）の全面改訂版作成にさいし、国際相談コーナーとして市に協力することになり、利用する外国籍市民の立場に立って原稿作成を行ないました。この作業を通して、庁内各課での業務内容も理解するようになり、今後の国際相談コーナーの活動に役立ちました。

無駄のない支援体制を

外国籍児童・生徒の日本語支援に関して、国際理解教育補助員を臨時雇用し同様のことを行なっている教育委員会との連携を取り、草加市での対応を一本化していくこと、関係者でチームを組み、将来への展望をもった、無駄のない有効な支援体制を作れるようにしていくことが大事だと考えました。

学校外での集いの場としてサマースクールのように、外国籍児童・生徒が定期的（週一回くらい）に集まれる場所を作り、日本語支援をはじめ、心の触れ合いもできるようにしたいと思いました。またそんな場は、近年増えている高校進学を考える子ども達への日本語支援に加え、勉強の相談もできる場にもなるのではないかと考えました。そのためにも、幸いなことに市内にある獨協大学の学生の協力も今以上仰げたらと考えました。

また、市役所内での活動という形態が珍しいためか、取材を受けることも多くありました。

5　今後の三つの課題

転入時の見極め

まったく日本語がわからず来日した、中学校相当年齢の子ども達の受け入れは難しい問題があります。まず、国により学年の修了月の違いがあり、転入に際し学年を下げるか、何か月かの空白期間を抱え日本の学校に入ることになります。

また、学制の違いで年齢だけで学年が決まらない国もあります。義務教育修了間際の子どもの受け入れは、それが義務でないこともあり、難しい問題を抱えています。何より、その子ども達を受け入れ、指導に当たる学校の負担も大きく、現行の学校法のなかで消化していくのも限界かと思われます。

国際相談コーナースタッフによる支援にも限界があり、これから長く日本に住むことになるそれらの子ども達への社会全体の支援体制を広く社会に求めていかなければならないと痛切に感じています。

サマースクール

〇五年度は学校を通してのチラシ配布や「広報そうか」などでの呼びかけに加え、はっきりと対象とする子ども達の顔が見え、誘いやすくなったこともあり、小中学生二一名（のべ六五名）が全五回のサマースクールに参加しました。国籍は、韓国、中国、フィリピン、コロンビア、ペルー、ベトナム、日本でした。

スタッフ四名、協力員三名、ボランティア（高校教員、大学生、高校生）四名で対応しましたが、低学年から高校受験生、日本語のまったくわからない子どもまでその要求範囲が広く、同じ場所、同じ時間帯での実施には問題があることがわかり、次年度の実施方法に再考が求められます。

予　算

最初の年の予算を考えるときには、根拠も実績もないなか、無理に行政や企業が事業を行なうときのように、一件または時間について幾らという計算で予算を組んだため、ずっとそれに縛られるようになりました。かといって実際には件数に応じて予算が増えるわけではなく、スタッフへの謝礼計算の基準作りには苦労しています。

もともと自分達の考え方は、国際相談コーナーという〝ひとりのスタッフ〟がすべての事業を行なうというものでした。お金に関係なく使命としてやるべきことはやるというＮＰＯ的な考えを、行政との協働において数値として表すことは難しいのですが、今後対外的にもわかりやすい形を整えていく必要もあると感じています。

（担当　簗瀬裕美子）

「インフォメーション草加」のこと

「インフォメーション草加」は草加地域に住む外国人向けに催し物案内、日本語教室や休日当番医、その他の生活情報を掲載した多言語による情報紙「Information SOKA」を一九九一年五月の創刊号（前年より準備）から二〇〇六年四月発行の一八〇号・最終号まで発行しました。

創刊当時は英語だけでしたが、その後ボランティアとして協力してくれる、外国籍市民と知り合うなかで言語が増え、四六号から八か国語（英語、スペイン語、ペルシャ語、ウルドゥー語、タイ語、中国語、韓国語、ポルトガル語）、七〇号からひらがな、一一二号よりルビつき日本語が加わり九か国語で、月一回、約九〇〇部発行し、約七〇か所で無料配布しました。

草加地域に外国人が多く住むなか、ゴミの出し方やバスの乗り方など毎日の生活に必要な情報を母国語で届けることによりことばや文化の違う外国で生活するのに役立つのではないかと始めたボランティア活動でした。情報紙を出すのみでなく、読者交流パーティーを開いたり、日本で生活して感じた疑問などを話し合う場として「リビング　イン　ジャパン」という場を公民館の協力を得て月二回、九五年一月から〇三年三月まで運営しました（国際相談コーナーができたこともあり中止）。

現在の特定非営利活動法人みんなのまち草の根ネットの会（当時はその基となった草心会）との関わりは当会が「誰にも住みよいまちづくり」（一九九五年文部省委嘱事業）で「外国人にも住みよいまちづくり」を考えることになり、実行委員会への参加をメンバーで検討したことから始まりました。

当時は、外国人労働者が草加・八潮地域に急増してきたにもかかわらず、地域が外国人になれていない状況で、「外国人が増えることは迷惑」「ゴミの出し方など問題が多い」「なんとなく怖い」などという声もありました。お互いに知らないことが不信感につながっているのではないか、草加のまちを外国人の立場から見直してみることも必要ではないかと考え、「インフォメーション草加」として加わることになりました。

その後、NPO法人になる前の「みんなのまち・草の根ネットの会」の立ち上げに伴い、メンバーが個人として参加し、国際化の課題解決に取り組むようになりました。

（担当　簗瀬裕美子）

〈かかわった人の思い〉

自分を活かす ボランティア活動から社会活動へ

簗瀬裕美子●国際化パーシャルネット世話人

市役所内での国際相談コーナー運営も三年を過ぎ、教育委員会との連携も取れ、市内全体の外国籍児童・生徒とその保護者も含めた適応支援が組織的にできるようになってきた現在、自分のなかでは感慨深いものがあります。

一九九七年、国際化パーシャルネットの世話人になり、草加市における国際化を進めるため①外国籍児童・生徒への適応支援、②国際理解授業のお手伝いという面で、学校においてもっと市民ボランティアの力を利用してほしいという活動を進めていた当時、まだNPOとの協働という考えが行政になく理解が得られなかったこと、学校側がボランティアを受け入れるには時期尚早であったこと、そして活動を推し進める仲間の不足などがあり、その後の活動もなかなか進まず、ときには大きな風車に挑むドン・キホーテのような気持ちになり落ち込むことも何回もありました。

しかし、絶やさず国際化パーシャルの活動を続けてきたことや、個々にではありましたが、学校への国際理解授業での協力や、外国籍児童・生徒の支援を続けてきて信用を作ってきたこと、自分もボランティア活動や（財）埼玉県国際交流協会での仕事を通して社会と接点を持ち、時代や必要な知識をアップデートしてきたことが、現在に至っているのではないかと思います。

以前の地域活動とは縁のなかった私を変えたのは、以下の三つのことです。

1　草加という地に住んだこと

結婚後、夫の転勤で仕事を辞め、アメリカのヒューストンで子どもを産んでの暮らしは、時間的余裕のあった夫の協力もありました。一九八六年当時、日本ではあまり一般的でなかった紙おむつや車を利用しての子育て、ベビーシッターを使いパーティーやコンサートにも夫婦で出かけ社会との接点もあった生活から、帰国して何の血縁・地縁ももたない草加での出産・子育ては連日深夜帰宅という日本での夫と、〇〇ちゃんのお母さんとして自分の名前の必要のない毎日で閉塞感を募らせるものでした。そんなときに、「Information SOKA」という外国人への情報紙発行活動に出会いました。

2 すてきな人たちとの活動

〈ボランティア活動〉

インフォメーション草加のボランティア活動では明るい人柄のリーダーや、他にもいろいろな社会活動をしている、子育てや人生の先輩がいて迎えてくれました。英語と日本語で原稿を作り、それを当時四か国語（現在九か国語）に、その言語を母国語とする方に翻訳してもらい毎月発行する作業は、社会の流れを見て、時間に追われての活動で、家事や子育てとは違い、成果が見えとても喜びを感じました。

自分の意見を遠慮することなく言い合える、女同士のグループには珍しい環境も得がたいものに思え、メンバーの考えや行動に触発され、自分の目がじょじょに社会に開かれていきました。また、自分の周りで起きている問題が新聞に取り上げられ、どこか遠くに感じていた社会が身近なものになったのもこの頃です。ワープロ、ファクスを使うことから始まり、パソコンもどうにか使って原稿を作り、メールで仲間と連絡を取るようになるなど時代から取り残されなかったのも、活動を続けて得た大きな副産物です。

少し余裕が出てくると、県内の他団体との協力体制作りにも参加するようになり、活動の枠も幅もぐっと広がりました。そこでも、それぞれの思いをそれぞれの活動に結び付けようとして努力する多くのすてきな人を知るようになり刺激を受けました。

〈社会活動〉

情報紙発行の活動をしていくなかで、市内に住む外国籍市民が定住化して、国から妻子を呼び寄せたり、日本で結婚して子どもが生まれたりしていることを知りました。そんなとき、現在の特定非営利活動法人みんなのまち草の根ネットの会からの依頼により、外国人へのインタビュー調査を手伝うことになりました。

その後、同会の国際化パーシャルネットに加わり、外国籍児童・生徒の問題に関わるようになりました。自分の子どもの子育てをしながら活動を続けるなかで、だんだん草加市全体でことばや習慣の違うなかで勉強して成長していく子ども達を、応援したり考えていくことがその子達のためだけではなく自分達、日本社会のために必要だと確信するようになりました。そしてそれがある程度認められ、誕生したのが国際相談コーナーです。

3　母親となったこと

二人の子どもを持ち草加に暮らしその将来を考えたとき、一緒に暮らすであろう、縁あって草加（日本）で暮らす外国人の子ども達も、同じように学校で受け入れられ育ってほしいし、そうならなければいけないという思いも活動を続けることができた大きな原動力だったと思います。

独身の頃は社会の目も鬱陶しいものでしかありませんでしたが、子育てをしていて子どもは親の愛情だけでは育たず、周りの人たち、社会の影響も大きいことがわかりました。

一方外国籍児童・生徒と関わるなかで、多くの子どもを見てきました。本人の心の準備もないまま、母国の友人や学校と別れまったくわからないことばで勉強しなければならない子。親の都合で数年の間に、日本に連れて来られたり、母国に帰され親戚に預けられたりする子ども。日本で生活の安定した、一緒に暮らしたこともない親に一五歳前後で呼び寄せられる子ども。そういった子ども達に対して、まだ社会全体や学校において充分な対応がされているとは言えない状況です。

そこで誰かが「あなたのことを見ているよ。気にしているよ」と〈母〉の思いで関わることで、日本を嫌いになって母国に帰ったり、「どうせぼく（わたし）なんか……」という子どもを少しでも減らすことができればと思い活動を続けてきました。でも使命感だけが原動力でなく、触れ合うなかで見せる子ども達の笑顔や成長も活動の励みになっています。

〈かかわった人の思い〉

「国際相談コーナー」に参画してみました

蛇目秀雄●元国際相談コーナースタッフ

ボランティアに対する認識

新聞でボランティアということばが大きくクローズアップされてきたのは、やはり一九九五年に起こった阪神・淡路大震災以後のことだと思います。

その後、自然災害などで大きな被害をこうむった地域には、全国から大勢の若い人たちがボランティアとして手弁当で集まるようになりました。

それまではボランティアというのは自分とは関係のない世界のように思っていましたが、被害地域で懸命に活躍しているボランティアの姿を見て、自分も何かできることがあればと思うようになりました。

現在の草加市に住むようになってから退職しましたが、会社勤めがなくなると毎日の生活が手持ち無沙汰となり、趣味として楽しんでいた囲碁や陶芸などに時間を費やすようになりました。

草加市役所における窓口通訳ボランティアの募集

その頃、草加市の広報で窓口通訳ボランティアの募集がありました。聞けば草加市には、すでに数千人以上の外国籍の人たちがいて、日本での生活にいろいろと困っている人が多いとのことでした。市役所における窓口での多種多様な手続きなどもその一つでした。

そこで、私は以前に仕事の関係で南米のボリビア共和国で生活をしたことがあって、日常会話程度のスペイン語なら何とか話せるようになっていたので、少しでもお役に立てばと思い、その募集に応じました。

国際相談コーナーの誕生

その後、草加市が地元のＮＰＯである草の根ネットと、困っている外国籍市民へ支援の手を差し伸べようと話し合った結果、業務提携で協力することになり、市役所の二階に国際相談コーナーが新設されることになりました。

そこで窓口通訳ボランティアに登録されていた私は国際相談コーナーのスタッフの一員として協力することになった次第です。現在、国際相談コーナーも発足以来はや三年を経過しました。

その間、様々な問題を抱えた外国籍市民の人たちがコーナーに相談に来られましたが、とくに学童の子どもを抱えた家族の問題や、居住、生活に関する福祉問題の相談が多かったようです。また、国際相談コーナーとしてはイベントとして各国の文化の紹介や草加市の生活基盤の紹介などをして喜ばれています。

スタッフとして参画してみて感じたこと

この三年間、週一回月曜日の午後、当番スタッフとして国際相談コーナーに座って何人もの外国籍市民と接しました。なかには自分のスペイン語で学校の手紙を説明することもありました。でも言葉ができれば何でも伝えられるわけではなく、その国にない制度や概念をわかってもらうには、経験や伝え方の工夫も必要となります。そのためには、当番スタッフによる月例会で、自分が実際に関わった事例以外のいろいろな相談内容やその対応を知る機会もありました。

そんなお手伝いをしてみて感じたことは、国際化とは政治や経済に関する大仰なものだけではなく、日本の各地域に世界各国から来日した外国籍市民の生活をサポートして、住みよい住環境にしてあげることもそうだし、それぞれ違った国の言葉や習慣の壁などを取り除き、それらをお互いに共有しながら楽しく生活ができるようにするバリアフリーでもあると思うようになりました。

子育てパーシャルネット

1　子育て支援を緊急の課題に

子育ての支援体制に切実な思いが

一九九五年度文部省委嘱事業を一年間行なったあと、翌年三月に「みんなのまち・草の根ネットの会」が設立されました。

当時、草加という地域のまちづくりについていくつもある課題のなかで「子育て支援」は緊急の課題でした。若い夫婦、若い両親が多く住んでいる草加市であるにもかかわらず、子育ての支援体制はきわめて不十分でした。子育てのための施設がどこにあるのか、公的にどんな事業がどこでいつ行なわれているか等々の情報が広報「そうか」以外には、若い夫婦、両親の手元まで届く手段がない現状でした。

草の根ネットが設立されてすぐの七月に、子育てについての話し合いが二回開かれ、この問題を取り上げたのも、その課題解決に草の根ネットが積極的に取り組んでいかなくてはならないという切実な思いがあったからです。

縦割り行政へのもどかしさも

第一弾として七月一三日、「子育てフォーラム　パート1」として、「こどもとおとなの関係づくり・町づくりネットワーク」というテーマで小学生以上の子どもの問題を取り上げたのに続き、幼児以下の乳児とその両親支援の問題を取り上げて七月二七日には第三回ネットワーク会議・パネルディスカッション「草加市の地域子育て支援体制について」を開催しました。

まず草加市の職員福祉部児童課長から「エンゼルプラン」、福祉課主幹から「実際の子育て」、市民生活部商工課主幹から「ファミリー・サポート」、企画財政部交流文化課係長から「男女共同参画社会での子育て」について話を聞き、市民団体「さわやか　たすけあい草加」代表から実践報告がありました。

参加者の多くは、「生みやすい」「育てやすい」と同時に「子どもが豊かに育つ」地域づくりのためには、縦割り行政ではなく横の連携を十分にとるなかでこそよりよい方向が見出せるのではないかとの思いをしたようでした。

さらに、一二月七日「子育てフォーラム　パートⅡ」の一部では、「乳幼児を持つ親のつどい」を開催し、七月の会議で話してもらった福祉課主幹から「子育て支援の実情」と題して前回よりもさらに詳しい話を聞き、「保育展の報告」を実行委員であるしんぜん保育園長から聞きました。

その後、参加者からの悩みや意見が活発に出され、そのなかの一人の方から、「縦割り行政」にもどかしさを感じている市民の一人として、少しずつ実状にあった方向へ変わりつつある〝芽〟が出てきていると感じたという感想をうかがい、草の根ネットのこうしたフォーラム開催によって市民の力が行政を動かしていくのだとの思いを強くしました。

現在における草加市の子育て支援の進展、とくに市民と行政のパートナーシップによる事業展開の土壌づくりの基礎はこの頃の私たちの活動にあったのだといまさらながら思いを深くしています。

以上の活動を通してもう一つわかったことは、草加市においては子育てあるいは子育て支援についての情報が極めて少ないということでした。そこで子育て支援の情報紙をつくることが先決だということになりました。次年度の事業として取り組むために日本財団に印刷機購入の助成申請をし、その結果助成金を受けることができました。

2　子育て支援パーシャルの設置

「情報紙ＳＫＩＰ」の定期発行

一九九七年度は、Ａ３判が印刷できる印刷機の設置によって、会報やチラシの印刷など広報活動にも大きな進展がみられましたが、なによりも「情報紙ＳＫＩＰ」の月一回の定期的発行の維持ということにおいて、子育て支援の活動が大きな飛躍をみました。この年の活動は、この「情報紙ＳＫＩＰ」の毎月の発行とそのための編集・取材活動と、地域に出向いて子育て支援の実情を把握するという二つの柱をたてて活動しました（「情報紙ＳＫＩＰ」については『子育て情報紙ＳＫＩＰ』とＮＰＯ法人さくらんぼ」七六ページ参照）。

子育ての現場で生の声を聞く

九七年六月一九日、あさひ保育園で地域ミニフォーラムを開催しました。

その日は保育参観日で、子どもたちと遊ぶお父さん、それを見ているお母さんの楽しそうな顔、嬉しくていきいきしている子どもたちの顔を見た後、昼食後のお昼寝の時間を利用して、二〇人以上の母親と園長および職員の懇談会に参加しました。おむつの話、出産休職中のお母さんが子どもを預けるところがなくて困っている話など、若い母親の悩みや考えを聞くことができました。

また同年一一月一〇日には、谷塚文化センターで谷塚地域のお母さん方の子育てサークル「おこりんぼママ」の定例会に参加させていただき、子育てについての生の声を聞くことができました。

その後、子育て支援パーシャルとして特筆すべきことは、草の根ネットのメンバー数人が中心となって子育て支援策のひとつとして設立を準備していた「草加子育てさぽーとネットさくらんぼ」が九八年六月に設立され、それにともなって、「情報紙ＳＫＩＰ」が草の根ネットから独立し、「さくらんぼ」に移行したことです。

3　地域の子育てパーシャルの下地

四市合同で取り組んだ「子どもの育つ地域づくり」

文部省委嘱事業「女性の社会参加支援特別推進事業」の終了後の九六年、活動を継続させていくために「みんなのまち・草の根ネットの会」を設立し、同委嘱事業の二年目を草加、秩父、東松山、桶川の四市の合同で取り組みました。合同のテーマとして、「子どもの育つ地域づくり」とし、九四年愛知県西尾市でおきた大河内君のいじめ自殺事件をきっかけに社会問題となっていた子どものいじめと大人の関わり方について地域づくりという観点で共通に取り上げるということになりました。

草加地域としては、子どもたちが本当に生き生きと育つまちづくりに何が求められているのか、子ども、大人が考える機会にしたいと思い、**表1**のようにフォーラム、パネルディスカッションを事業として実施しました。

表１

開催日時	事業の内容
1996年７月13日	子育てフォーラム　パートⅠ 「こどもとおとなの関係づくり・町づくり」 ①松戸フレンドスペース代表・荒井俊氏の講演会 ②子育てに関わる団体の意見交換会（第１回団体交流会）
11月14日	子どもフォーラム『「いじめ」について本音で話そう』 小６年生から高校１年まで13名が参加
12月７日	子育てフォーラム パートⅡ「子どもが育つ・巣立つ地域づくり」 １部 乳幼児を持つ親のつどい ２部 パネルディスカッション（第２回団体交流会） 『「いじめ」の問題を考えるために子どもの現状について情報交換をしませんか』
1997年１月	４市合同 彩の国地域づくりシンポジウム 「育て・育ちあう地域づくり　いじめ問題を通して考えるコミュニティ・ネットワーク」において 年間の取り組みについて報告

子どもは大人をしっかり見ている

子どもフォーラムは「いじめ」について子どもの生の声を聞き、大人に伝えることを目的に開催しました。参加した子どもたちはいじめられた経験をもつ子どもや、周囲のいじめを見ている子どもなど、全員が何らかの形で「いじめ」を体験していて、いじめの問題が特別な地域や子どもの問題ではないことがわかりました。

子どもたちはいじめられたり、いじめに気付いたとき、先生に相談をしているが、「先生は何もしてくれない」「我慢しなさいといわれた」など、先生の対応に不満をもつ子も多いが、先生が上手くリードしてクラスできちんと話し合いができたと、先生を評価する意見も出ました。

自分勝手で、子どもの意見を聞かない先生、体罰をする先生、差別をする先生、自分の都合で言うことが変わる先生は嫌いと、子どもがしっかりと見ていることがわかりました。

「いじめられているとき、自分の存在がクラスの中にはないと思った。私がここにいるということを皆に知ってもらいたいので、今は自分を主張している」といった子どもがいました。一二月の「子育てフォーラムパートⅡ」でこの子どもの声を紹介しました。

大人のフォーラムでは、小学校教諭から学校でのいじめとどう対応したかについての自らの体験報告や、異年齢の子どもの集団をつくることをすすめている団体、音楽や演劇を子どもの日常に位置づけることを目的にしている団体の活動報告がされ、参加した外国籍の母親から「おとなしい」ということでなぜいじめられるのか？　アメリカで子育てがしたいという本音が出されました。「ちがっていること」がいじめの引き金になることが多く、大人が同じ価値観で子どもを見ることは間違っているなど、活発な意見交流が行なわれました。

子どもへの大人の関わり方を見直し、子どもの声に耳を傾けること、一つの価値観で子どもを見ないこと、人権意識を育てる教育の推進の必要性などが見えてきました。

4　地域の子育てパーシャルの設置

具体的活動をテーマに

九七年度、草の根ネットでは、活動を課題ごとのパーシャルネットによって進めることとし、「地域の子育てパーシャル」がスタートしました。

前年度の活動を踏まえ、地域で活動している子育て団体のネットワークづくりを目標としました。パーシャルのメンバーには子育てフォーラムに参加した団体で活動している人たちのなかで、ネットワークづくりに関心をもつ人も参加しました。

前年度にも感じたことですが、団体の活動内容や活動の歴史、子どもに対する考え方などに違いがあり、共通のテーマを見つけることが難しいということが課題でした。そこで、具体的な活動をテーマにしたほうが交流しやすいのではないかということで、多くの団体が取り組んでいる「子どもまつり」について、子どもと大人がどう関わりながら、「まつり」をつくっているかについて、パネルディスカッション「子どもまつりを通して見える今どきのこども・おとな」を開催しました。

七団体が参加し、共通して語られた問題は、①子どもの参画をどうすすめるか　②子どもと大人が同じ土俵に立つことの必要性　③公的団体以外では開催する場所の不足　でした。

また、「まつりの開催」についてのみならず、地域のなかで、子どもにどう関わるかという話にも発展し、地域で子どもを育てようという意識が薄くなっていること、公園など子どもが集う場所の不足など、が指摘されました。

「子どものための広場・公園がない」という課題の解決にむけて

翌九八年度は、草の根ネットは草加市制四〇周年記念事業「パートナーシップによるまちづくり」に協力し、実行委員会や地域ミニシンポジウムに積極的にかかわりました。子育て支援パーシャル・地域の子育てパーシャルのメンバーもそこに参加することにより、子どもを取り巻く課題を知ることに努めました。

市制四〇周年記念事業の地域ミニシンポジウムで「子どものための広場・公園がない、キャンプなどの野外活動の場がない」ということが課題として出てきました。地域の子育てパーシャルでは、この課題の解決にむけて活動をしていくことにしました。メンバーの話し合いと情報交換を目的にパーシャル会議を定例化しました。

ちょうど「緑の基本計画」を草加市が発表したこともあり、そのなかに子育てのためのスペースがどのように位置づけられているかを知りたいということから、都市計画課、公園緑地課、生涯学習課から担当者、市議会から文教委員長の参加を得て、九九年三月二六日にネットワーク会議「子育てのための広場」を開催しました。地域の子育てパーシャルからは、キャンプ場についての近隣市の整備状況の報告、実際にキャンプ活動をしている団体からは市内に設備がないことによる不便さが訴えられました。東京・世田谷区の「羽根木プレーパーク（冒険あそび場）」のようなものを草加につくれないかということも出ました。

この会議で草加市の公園整備の視点のなかに「子ども」という視点がないと感じました。一方、私たちとしても草加の公園の実情を把握していないという弱点に気付きました。このことから、市内の公園の実態調査と子どもの活動拠点としての広場をつくることを次年度の課題としました。

また、「子育て情報誌ＳＫＩＰ」の発行を、別団体が行なうこととなり、「子育て支援パーシャルネット」と「地域の子育てパーシャルネット」を一本化して「子育てパーシャルネット」として二〇〇〇年度以降活動していくことにしました。

5　冒険あそび場づくりへむけて

草加市の公園調査

自分たちの街の公園の実態を知ろうということから始めた公園調査ですが、このあと三年間、〇三年まで、子育てパーシャルは「公園調査」とその報告書づくり、草加市との協働による「冒険松原あそび場」の開設という一連の流れのなかで活動をしていくことになりました。

九九年八月、草加市の公園調査一回目を実施しました。市内一三か所の公園を調査し草加市の公園は面積が小さい、遊具があるだけで子どもが十分遊べるゆとりがない、公園がある地域が偏っている、開発がすみキャンプ場をつくるのに適した場所がない、など問題が多いことがわかりました。また、子どものためだけでなく、市民の憩いの場としても草加市の公園の状況は問題が多いということがわかり、もっと詳しく公園を調べる必要があると思い、調査を次年度に引き継ぐことにしました。

翌年六月、子どもの自由な遊び場として全国的に知られている羽根木プレーパークの見学会を行ないました。それは、キャンプ場も必要だが、それ以前に、子どもが自由にのびのび遊べる広場が草加には必要ではないかと考えたからです。

羽根木プレーパークは世田谷区の住宅街の公園の一角につくられていて、「自分の責任で自由に遊ぶ」というモットーのもと、常駐のプレーリーダーが子どもとともに手作りの遊びを自由に展開し、子どもたちは自分の可能性や限界を体験できる場となっていました。草加市でも、このようなあそび場は実現可能ではないかと考え、その観点から、公園調査をやり直すことにしました。

二〇〇〇年八月〜九月、二回目の公園調査を実施しました。市内を四ブロックにわけ、調査員四四名で八四か所の公園を調査しました。調査項目は、公園の広さ、立地、施設、子どもの遊びの自由度、バリアフリー度、利用度、近隣の人や公園利用者の声について行ないました。

調査にあたって、子育てパーシャルのメンバーが所属している団体（草加おやこ劇場、ガールスカウトの会員、草の根ネットの運営委員、ＰＴＡ、町会などの協力が得られました。

都市計画の専門家で公園設計を多く手がけている大間武氏（公園の専門家）を紹介していただき、調査についてアドバイスを受けました。

調査の結果

＊公園の配置が地域的に偏っている。

＊一部の公園をのぞいて、面積が数百平方メートル以下の狭い公園である。

＊ほとんどの公園にトイレ、水呑場がない。

＊樹木が少ない。

＊公園の大小にかかわらず、同じような禁止事項があり、子どもが自由に遊べない。

＊開発の過程でできた小公園はほとんど使われず荒地状態。

など、多くの問題が見えてきました。

ネットワーク会議「みんなで公園づくりをはじめよう」を開催

草加市の公園の現状がわかったところで公園緑地課と大間武氏の参加を得て、〇一年一月二〇日、ネットワーク会議「みんなで公園づくりをはじめよう」を開催し、草加市の公園施策、公園の役割などについて学習しました。草加市の公園づくりの考え方や、住民参加の手法などがわかり、市の基本構想のなかに「プレーパーク」もテーマとしてあることもわかり、今後の活動の手がかりを得ることができました。

調査に参加した人の声をまとめるため、助言者として大間武氏を迎えて、座談会「公園調査を終えて」を開催しました。

調査の結果を整理し、報告書にまとめるため月二回のペースで、編集会議をもち、同年一〇月に公園調査報告書『歩いて 見て 聞いて 調べた 草加の公園』を発行しました。

「冒険あそび場ネットワーク草加」を立ち上げ

公園調査報告書が完成し、これを実際に行政に示し、子どものための遊び場づくりにむけていくことが次の課題です。この年、草加市では七月に市長選挙が行なわれ市長がかわりました。新市長の就任をまって、直接懇談を申し入れました。一一月に実現した懇談の場で、公園調査の結果から、草加に子どもの広場がないこと、子どもが子どもとして育っていくには、自由な遊び、自由な集団ができる冒険あそび場が必要であること、行政の協力が得られればぜひつくりたいという思いを伝えました。市長からは、市民の側にネットワークができれば、冒険あそび場について市も一緒に考えたいという話がされました。

一団体の希望だけでは行政はやれない、行政と協働するための窓口として市民のネットワークが必要ということなので、翌〇二年三月、子どもに関わる活動をしている団体にむけて「冒険あそび場をつくりませんか？」という呼びかけをしました。

呼びかけに応じて、集まった人たちで四月「冒険あそび場ネットワーク草加」を別団体として立ち上げ、子育てパーシャルとしてはその会に参加して活動をすることにしました。その会として、市民が行政に要望を伝える窓口として設置された「いきいき市民相談課」へ冒険あそび場をつくりたいので一緒に考えてくれる部署につないでほしい、という要望を出しました。

五月、総合政策課を窓口として関係部署との初めての会合が実現し、以後、「冒険遊び場ネットワーク草加」と行政との約一年間の共同学習と準備を経て、〇三年四月から「冒険松原あそび場」が実現しました（冒険あそび場実現にいたる経過は、「ＮＰＯ法人冒険あそび場ネットワーク草加」七七ページ参照）。

「冒険あそび場ネットワーク草加」という別団体によって冒険松原あそび場を立ち上げたのは、冒険あそび場は日常的に展開される活動であり、子育て世代の人たちが中心になってつくっていく場であるべきだ、という思いからです。これにより子育て世代を中心にして新しいつながりが生まれ、草加市内に冒険あそび場を子どもの居場所として考え、行動する人を増やし、冒険あそび場を子どもの生活圏に広めていこうというミッションをもって活動する新しいネットワークへと繋がっていきました。

6　子どもの権利条約の推進を

勉強会と広報活動、行政との連携も

〇三年度、「冒険あそび場ネットワーク草加」の活動が軌道にのったため、子育てパーシャルの今後の活動について検討しました。そこでは次のようなことが話されました。

*子育てパーシャルの課題である「子どもに住みよいまちづくり」を進めるには、子どもと大人の関わり方を見直す必要がある。

*子どもを未熟なものと考え、大人の価値観で子どもを判断しているため子どもがそのなかで苦しんでいる現状がある。

*一九八八年に制定され、二〇〇四年に日本政府も批准した国連子どもの権利条約（日本では児童の権利に関する条約）は「子どもは子どもの最善の利益の基に成長する権利がある」ということを基本理念としているが、現状は学校、家庭、子ども同士の関係のなかで自分の存在価値を認められない子どもが増えている。

*大人がこの条約の理念を理解し、子どもの側にたち、子どもを支援することが大事。

子育てパーシャルとしては課題解決のためには、基本的な問題に取り組む必要があるということで、子どもの権利条約を広めていく活動をテーマにしました。

〇三年、〇四年はメンバーを中心として、「子どもの権利条約を学ぶ」「自治体の取り組みを調べる」という勉強会を続け、公民館まつりで市民への広報活動を行ないました。草加市人権推進審議会の傍聴や草加市人権共生課職員との懇談も行ない、行政との連携も模索しました。

これらの経過のなかで、「子どもの権利条約」は草加市では、行政、市民の双方にほとんど認識されていないことがわかりました。そこで、私たちは、この条約について市民をはじめ、行政にも広く知らせていくことから始めることにし、アンケートや講演会、ワークショップなどを連続して実施する企画をたてました。必要な経費を得るため、公募されていた助成金に応募し、生活協同組合ドゥコープの市民活動助成金と草加市ふるさとまちづくり応援基金に採用されました。それにより**表2**のように事業を実施しました。

その他として〇五年「草加市人権施策推進基本方針（素案）」が示され、パブリックコメントが実施されま

表２　事業の実施状況

子どもの権利についてのアンケート	調査対象数と回収率 小学生（４～６年）692（95%） 中学生（全学年）346（88%） 高校生（全学年）400（83%） 小中学生の保護者 894（78%） 子どもに関わる市民活動団体に所属している大人　89（52.9%）	調査のねらい ・条約がどの程度知られているか ・子どもの生活に関わりの深い子どもの権利についての意識 ・調査結果を「子どもに住みよいまちづくり」を進める活動の資料とする
講演会	①「子どもたちとともに、未来に向けて」講師　大田堯氏 ②「子どもにやさしいまちづくりと子どもの権利条約」講師　荒巻重人氏	①子どもの権利条約の意図するところを学ぶ（参加者133名） ②条約の理念を自治体施策に反映させる必要性について学ぶ(参加者30名)
ワークショップ	①子どもしゃべり場（子どもの権利学習）３回 ②子どもと大人の関係づくり　２会場	中高校生と大人 のべ21名 小学生と親 のべ24名
研　修	兵庫県川西市「子どもの人権オンブズパーソン」について	子どもの人権救済を条例によって定めている事例について学ぶため草加市人権擁護委員の研修に同行
報告書の発行	①子どもの権利についてのアンケート調査報告書 ②子どもの権利条約を広める事業報告書	

したので、子育てパーシャルでも検討し、子どもの人権についての言及が弱いことについて意見をだしました。

草加市にも「子どもの権利条例」を

アンケート調査は学校の協力を得て、学校経由で実施しました。そのことを考慮に入れても、対象を市内全域とし、回収率が高いことで、一定の客観性のあるデータになったと考えます。分析については獨協大学法科大学院子どもリーガルセンター推進室の野村武司教授のアドバイスを受けました。

一年間継続して事業をしたことから、子どもの権利条約について、いろいろな人と話ができ、ほとんど意識をもっていなかった行政の関係部署の職員への意識付けもできました。

アンケートから見えてきたことはたくさんありますが、そのうち、権利条約の周知度については「条約の内容を知っている」割合は子ども（小中高）で七・七％、子どもの親は一三・六％、市民活動に関わる大人は四三％と一部の大人を除いてほとんど浸透していないことがわかりました。

大人と子どもの関係について、「大人から大切にされている」、「大人は自分の話をちゃんと聞いてくれている」と感じている子どもほど「毎日が楽しい」と思っている割合が高く、地域や学校のことへの参画意識も高いということがわかりました。

日本の子ども達は国際的にみて、自己肯定感が低いといわれます。大人から大切にされ、認められるという体験が少ないことがその原因となっているともいわれています。自己肯定感が低いということは、自分の未来に希望が持てないということにつながります。子どもが自分の望むように成長できる社会をつくるのは大人の責任であり、それを可能にする社会の仕組みづくりをすすめる必要があります。

子どもの権利条約を具体化する自治体の子ども施策として、〇一年に「川崎市子どもの権利に関する条例」が施行されたのをはじめとして現在（二〇〇六年）までに一七の自治体で子どもの権利条例や子どもの権利救済のための条例をさだめています。

私たちの課題である「子どもに住みよいまちづくり」をすすめるためには、このような法的仕組みを草加市にも作っていかないといけないと思います。現在私たちは草加市にも「子どもの権利条例」ができるように、行政へ働きかける方法を検討しています。

（担当　山川令子・齊藤高子）

「子育て情報紙SKIP」とNPO法人さくらんぼ

一九九六年度、みんなのまち・草の根ネットの会が設立、子育て支援パーシャルも活動し始めましたが、草加市に住む若い父母やこれから子どもを産もうという若い夫婦にとって、病院・医院、公園や遊び場は、どこにあるのだろうか、保育園・幼稚園はどこに、そしていつから募集するのかなど、子育て支援に関する情報は、広報「そうか」以外にはない状態でした。この緊急課題の解決のために子育て支援の情報紙を発行することになり、自前の印刷機を持つことによって、月一回の情報紙の発行が可能であるという見通しを立て、「日本財団」に助成金の申請をしました。

審査の結果翌年A3判まで印刷可能な印刷機購入の助成金を受けることができ、「草加子育て情報紙SKIP」第一号を一九九七年六月に発行、市役所、保育園や公民館、児童館などの市の施設、お店や医院などに置いて無料で配布しました。その後東武鉄道伊勢崎線の市内四駅にも置くことができるようになり、読者層が大きく広がり、「月一回定期的発行」の原則を守るため、毎週編集委員が集まり、編集会議による内容検討・取材・パソコン打ち・紙面づくり・印刷（印刷機は事務局長宅に置いた）・紙折り・仕分け・配達と、いくつもの作業を手分けしながら行ないました。その後「SKIP」の発行主体は草の根ネットを離れましたが、今日までこの月一回発行の原則は保持されていることは嬉しいことです（二年間ほど年に一回合併号の年もありましたが）。

＊　＊　＊

SKIPの毎週の集まりでは、情報紙の発行についてのみならず、草加の子育て支援の現状についても話が及び、そうした話し合いのなかで、当時国が積極的に取り組んでいたファミリーサポート事業を草加でも立ち上げようではないかということになり、草の根ネットの会員を中心に準備委員を募り（八名でスタート、後に一五名）、九八年、準備会を立ち上げ、同年六月一五日にファミリーサポート事業「草加子育てさぽーとネットさくらんぼ」の設立総会を開催するに至りました。そしてこの時点で、「SKIP」の編集業務は、さくらんぼに移譲することになりました。草の根ネットの主たる役割はネットワーキングであり、事業を始めるきっかけ作りではないかという意見が大きかったことによりますが、現在では、NPO法人となり、課題解決事業を行なっています。

その一年後、さくらんぼが事業を拡大するにともない「S

ＫＩＰ」の編集業務を担うことができなくなったので、新しく「草加子育て情報紙ＳＫＩＰ」という独立した団体を立ち上げ、そこが編集業務その他の事業を行なっています。現在一三名の編集委員・スタッフで、自前の編集・予算で毎月一八〇〇部の発行を続けています。

その後、「草加子育てさぽーとネットさくらんぼ」は、二〇〇一年に法人化し、「ＮＰＯ法人さくらんぼ」となって、子育て支援をつづけています。

行政側では、子育て支援に対し、「子育て支援ネットワーク推進会議」を開催することになりますが、そこには草の根ネット、さくらんぼ、ＳＫＩＰの代表が参画し、〇二年一一月「草加市子育て支援ネットワーク推進会議提言」を市長に提出しました。また行政が年に一回発行している子育て支援情報誌作りのアドバイザーとしてＳＫＩＰの編集長および代表が〇三・〇四年度の二年間関わり、さらに〇五年度子育て支援センターづくり委員会にもＳＫＩＰから三名が参画するなど、草加市の子育て支援の進展に大きく寄与しています。

その原点は草の根ネットにあることを改めて思うと同時に、現在草加市に広がっている子育て支援活動をより大きく推進するために、草の根ネットとして今後はこれらの子育て支援団体をネットワーキングしていくことが求められています。

（担当　山川令子）

ＮＰＯ法人冒険あそび場ネットワーク草加

子育てパーシャルが実施した草加市の公園調査をきっかけにして、市内に子どもの自由なあそび場をつくろうという草の根ネットの呼びかけに応じた市民によって、二〇〇二年三月に新しく「冒険遊び場をつくる会準備会」をスタートさせ、市民のネットワークを広げながら冒険遊び場を実現させるという思いで「冒険あそび場ネットワーク草加」としました。その中心となったのは、子育てパーシャルと関係の深い草加おやこ劇場の会員でした。

冒険あそび場は市民だけではできないし、行政の協力がどうしても必要であり、公園調査の報告書を持っての市長との懇談のなかでも、草加市としても冒険あそび場をつくることに関心をもっているという感触を得ていたので、「いきいき市民相談課」へ相談に行きました。その結果、総合政策課を窓口として、ともに冒険遊び場をつくることを目標とした話し合いの場が実現し、行政側は、総合政策課、公園緑地課（現・みどり公園課）、みんなでまちづくり課、青少年課、子育て支援課が参加して、月一回の定例勉強会を続けました。

＊　＊　＊

先進地の遊び場の視察、日本冒険遊び場協会への相談も行政とともに行ない、草加市につくる冒険あそび場のイメージを一致させていきました。市民へ知らせる活動として、市民まつりでのダンボール遊びをデモンストレーションとして実施、冒険遊び場についての講演会を開催しました。〇三年三月一五日、松原緑地（現在の冒険松原あそび場）で一日冒険あそび場を行政との共催で開催し、約七〇〇名の子どもが参加しました。

およそ一年の準備期間をとおして、場所は松原緑地公園をつかうこと、プレーリーダーを置くことについては行政と意見が一致していました。開設にさいしては、プレーリーダーの人件費と遊び場に必要な備品購入費を行政が予算化すること、冒険あそび場の開園と運営については、「冒険あそび場ネットワーク草加」が責任をもつ、という役割の確認をしました。

〇三年四月、草加市からの補助金を受け、草加市との協働事業で「冒険松原あそび場」の月二回定期開園が実現しました。一〇月には毎週土曜日の開園とすることができました。〇四年四月からは、常駐プレーリーダー二名で週五日開園する常設の冒険あそび場になりました。

冒険松原あそび場の開設にいたるまでの活動の中心となったのは、子育て真っ最中の母親たちで、エネルギッシュな行動と斬新なアイディアで行政を巻き込み、一年弱という短期間に草加市に冒険あそび場を実現させました。

＊　＊　＊

草加市の子どもに関わる団体や個人のネットワークで子どもに住みよいまちづくりをすすめようということを子育てパーシャルのテーマとして活動してきた一つの成果として「冒険あそび場を草加市につくる」ということをキーにした子育て世代の新しいネットワークが生まれました。

冒険あそび場ができたことで、この場は子どもだけでなく大人にとっても魅力的な場であることが実感されてきました。遊びの好きな大人の仲間づくりにもつながり、大人と子どもが一緒につくっていくあそび場となっています。

〇五年三月に完成したプレーリーダーハウスの建設には、本職の大工さん、屋根職人さん、左官屋さん、行政の方など、多くの方がボランティアで参加してくれました。

同年一〇月六日、「冒険あそび場ネットワーク草加」はＮＰＯ法人として登記をすませ、社会的に責任ある団体として、行政とパートナーシップで冒険あそび場を草加市内に広めていくことをめざしています。

（担当　齊籐高子）

〈かかわった人の思い〉

地域の子育てにこだわって

齊藤高子●子育てパーシャルネット世話人

みんなのまち草の根ネットの会の設立以来、子育てパーシャルネットの世話人として、「地域の子育て」ということにこだわり続けてきました。その原点は自分自身が転勤族で、家族や友人から離れ、未知の土地で子どもを育てなければならなかった体験にあります。

長男が三歳、次男が生後三か月のときから、名古屋、大阪と転勤が続き、社宅住まいのなかで、心から打ち解けて話せる仲間や子育てについて語り合う友達もできないままに暮らしていました。

子育てのネットワークとの出会い

一九七四年に社宅住まいからぬけて、大阪府寝屋川市の分譲住宅団地に移りました。そこで「寝屋川子ども文庫」の活動に出会い、リーダーの女性の「子育てを個人の問題ととらえず、自分の子どもも含めた子ども全体の問題として考え、子どもにとって良い環境をつくることは大人の責任」という考えに、共感しました。

寝屋川子ども文庫の活動は、市立図書館と地域の大人が協力して、各自の家庭を開放して、子ども達に本の貸し出しや読み聞かせを行なう活動ですが、特徴的だったのは一五世帯前後を一グループとして、全員が協力して活動をするシステムにありました。

私が住んだ寝屋川三井団地は二五〇〇戸ほどの住宅がありましたが、このシステムの子ども文庫が二〇以上あり、関心のある人は誰でも、自分の家の近くの文庫に参加できました。文庫の運営だけでなく、子ども文庫の本を選ぶために一緒に図書館にいったり、勉強会に参加したり、子どもと一緒の遊びの会をもったりしました。その過程で子どものこと、学校のこと、社会のことなどについて自由に話し合う関係ができ、子どもを中心に支えあう関係が作られていきました。「子ども文庫の運営」ということをキーにして、子育てのネットワークがつくられていったわけです。

「子どもたちに本を」という思いがあれば、新しく転居してきてもすぐに子育ての仲間に出会えるということは、これまで、仲間を見つけられないできた私にとっては大変すばらしい仕組みでした。子ども文庫に参加申し込みをしたその日から仲間として接してくれる人たちに出会え、本音を語り合える仲間に飢えていた私は生き返った思いがしました。子どもも達にとっても学校と家庭以外にも人との出会いの場があることは大事なことだと思いました。この「同じ思いをつなぐ」ということが、私のその後の子育てのネットワークづくりという考え方の基本になりました。

草加に住んで

七七年にまた夫の転勤があり、草加に転居してきました。寝屋川での活動はまだ始まったばかりで、子どもも私も後ろ髪を引かれる思いで移ってきました。

引越しの荷物も片付かないうちから、図書館で子ども文庫の存在を調べたり、寝屋川時代から所属していた「おやこ劇場」の活動をさがしました。残念なことに草加には文庫活動はありませんでしたが、草加おやこ劇場があり、さっそく入会して子育ての仲間探しをはじめました。寝屋川の体験から、子どもの日常に根ざした活動を中心にしたほうがネットワークは進むと考え、自分のマンションで図書館の協力を得て、子ども文庫を開設し、運営を通して仲間づくりをしていきました。二〇〇戸を超す規模の新築分譲マンションはお互いが見知らぬ者同士の寄り集まりです。子ども文庫の活動は理解が得やすく、マンション住民の信頼関係をつくるのにとても役立ちました。

その後、事務局機能が十分でないため低迷していた草加おやこ劇場の事務局を引き受けて、一三年間専従事務局として関わり、「地域のなかで生の舞台作品を鑑賞する」という活動を核にして、大人と子どもがともに育ちあう関係づくりをすすめました。草加市のほぼ全域に会員がひろがり、一定の成果はありましたが、おやこ劇場の活動にしても、子ども文庫の活動にしても、そのことに関心のある大人のネットワークであり、一つの団体がやれることには限界があります。「草加の子どもを地域で育てる」ということをキーワードにして子どもに関わる大人のネットワークが必要ではないかと考えるようになりました。

みんなのまち草の根ネットの会で

「誰にも住みよいまちづくりにむけて、市民と市民、市民と行政をつなぎ課題解決をめざす」というみんなのまち草の根ネットの会の目的に賛同し、積極的に関わってきたのは、この会を活動母体にして、「草加の子どもを地域で育てる」というキーワードで市民団体同士のネットワークづくりをしたいと考えたからです。

また、子どもが育つ環境づくりという面では、市民活動と行政との連携も必要で、市民活動を行政につなぎ、課題解決をはかるということは、私のこれまでの活動に欠けていた面であり、草の根ネットでの活動によって、行政との協働事業としての冒険松原あそび場の実現という具体的な成果につなげることができました。

今、私は子育てパーシャルの活動として、「子どもの権利条約の推進」ということに取り組んでいます。「子どもに住みよいまちづくり」をすすめるうえで、「子どもの権利条約」（一九八九年国連で採決され、九四年日本政府が批准）の理念を基本においた「子どもにやさしいまちづくり」への取り組みが重要だと思うからです。子どもの権利条約は、子どもの生命・生存・発達の権利、子どもの意見表明の権利と参加の権利を保障し、子どもの最善の利益をはかることを大人の責任として定めています。

草加市内にはさまざまな分野で子どもに関わる活動をしている団体も多くあり、そこはそれぞれの子どもにとって居場所となり、子どもの参加の場となっています。活動に関わっている大人はみな、草加の子どもの豊かな成長を願っています。にもかかわらず、子どもが引き起こす事件の深刻さ、子どもが被害者となる事件の残酷さは、個々の大人や個々の団体の善意や努力ではどうにもならないという現状があります。

子どもが子どもとして成長し、自分の未来を自分自身で選び、築いていけるように、大人の支援のあり方が求められていると思います。そのためにも家庭、地域、行政が、子どもの権利条約の理念を共通認識として連携し、子どもを権利の主体として認め、子どもの側に立った子ども支援のネットワークづくりと、法的な整備もふくめた社会の仕組みづくりが必要です。その実現にむけて、市民と行政の話し合いの場ができるように、働きかけていきたいと考えています。

高齢者・障害者パーシャルネット

1　ネットワーク会議「介護保険の学習会」の開催

毎年一回、全九回の開催

一九九七年にパーシャルネットが設立され、六つのパーシャルネットの一つとして、高齢者・障害者パーシャルネットができました。

まずは、九五年の調査（文部省委嘱時）からみえてきた介護の問題から取り組みました。

今後実施されるという「介護保険とはどんなものか」を九七年度に開催したのをかわきりにほぼ毎年度、二〇〇六年度まで全九回、介護保険に関する学習会を開催してきました（**表1**参照）。

不安が隠せない会場での質疑応答・意見など

第三回の質疑応答では以下のようなことがありました。

Q　痴呆の介護にあたる家族の負担軽減は？

A　一時判定のソフトは、二〇〇〇年に変わり、是正されると思う。

Q　老人が調査時に自分の状態をうまく話せないときは？

表1　ネットワーク会議「介護保険の学習会」

年度	タイトル	講　　師
1997年	介護保険とはどんなものか？	草加市福祉部福祉課企画係　林　伸行
98年	草加市の取り組みの現状と今後の課題	草加市健康福祉部福祉課介護保険係　梶田優一
99年	申請が始まった介護保険	草加市健康福祉部介護保険準備室　梶田優一
2000年	徴収の始まった介護保険料と草加市の現状	草加市健康福祉部介護保険課　梶田優一
02〜06年	草加市の現状と今後の課題について	草加市健康福祉部介護保険課　梶田優一

A　家族からも聞き取ってゆく。

Q　状態が重くなったり、軽くなったりした場合、業者の参入ではどうなるか？チェック機関はあるのか？

A　二年に一回は、市職員が調査。また医師の意見書があるので、ある程度判断できると思う。

Q　認定会議の公開は考えていないのか？

A　プライバシーに深くかかわるので、草加市では考えていない。審査にかかわる人たちにもアンケートをとったが、非公開という結果であった。

Q　配食ナイトケアは、介護サービスに入っていないが？

A　そのあたりは、五年のサイクルで見直されることになっている。

第五回では、会場からは「若い人たちに介護保険の内容や申請の方法を知ってもらいたいし、そのための方策を行政にお願いしたい」といった意見が出されました。

第六回の質疑応答では、

Q　小規模施設とは？

A　地域のなかで通所とショートステイが合体し、入所もできる施設で、地域の人が利用できる小規模施設のこと。ユニットケア。

Q　介護保険は自立援助が目的だからその方向でプランは立てられるか？

A　自立に向けたケアプランを提供することが重要である。

Q　草加市に施設が多くなると保険料は？

A　高くなる。
会場からの意見として、
＊二〇歳から保険料を徴収するのは反対。親の負担ばかり増えるから。
＊有酸素運動を行ない、自立した生活が送れるように予防に力を入れたらどうか。
＊市で発行の案内書に、施設を選ぶポイントも書いてもらえるとよい。
＊サービス業者は自分で選ぶことになっているが、現状はそこまでいっていないと思う。
＊契約を解除したいとき快くしてくれるか、そのへんも確認して利用するのがたいせつではないかと感じた。

草加市の高齢者の現状の推移——学習内容

九八年五月より介護保険係三名でスタートした介護保険は、はじめアンケートの集計、分析を行ない、モデル事業として九八例を取り上げ、このうちの一〇例のケアプランを作成しました。

翌九九年一〇月から始まった申請状況は六四六件で予測の三〇〇〇件を大きく下回っていましたがその年の一一月二四日現在では審査件数は三三二件、内訳は自立＝四、要支援＝一三、要介護Ⅰ＝六二、Ⅱ＝五七、Ⅲ＝四八、Ⅳ＝八九、Ⅴ＝五九となっていました。以上は準備期間のことです。

二〇〇〇年四月、介護保険制度がスタートし、七か月経過時、順調に推移。利用者の負担は一割で、介護サービスについては民間事業所が参入したことで選択の幅は広がりましたが、市民への情報が少なく事業所選びが難しい状況でした。草加市の介護サービス利用率は三四％でした。

〇二年一一月には、要介護認定者は一八九二人となり、一年前より七・八％増となっていました。〇二年度の要介護認定申請件数は、四四四六件、在宅サービス受給者は月平均六八〇人で、給付額は、一八億八六四万二〇〇〇円、施設サービス受給者は、五四五人で二〇億二五七五万七〇〇〇円となりました。

〇五年一月には、草加市の高齢率は一三・三%と全国平均より五・二%低いものの毎年増加しているのが現状です。市内の介護サービス利用者二六五〇人（介護施設利用者六三八人、居宅サービス利用者二〇一二人）でした。市内の施設は、特別養護老人ホームが三か所、老人保健施設が二か所、介護療養型医療施設がなく他市に依存している状態でした。

変化していく課題

九九年当初には、より公正な認定を行なうためには、調査員、審査員の研修を行なうこと、担当職員を大幅に増員し、体制を整えること。市の供給体制として施設を整えること、ヘルパー、ケアマネジャーの養成・増員など、実施される制度の準備として想定されるものが課題でした。

草加市の第一号被保険者の基準介護保険料は、二六〇五円で、全国平均二八八五円より低い保険料ですが、これは、対象高齢者とサービス基盤が整っていないことによることで、今後、高齢者が多くなり、介護保険サービス基盤が整えば保険料は高くなっていくと思われます。

三年目となる〇二年には、今までの制度上の問題点など、全国的な規模で見直しが行なわれ、施設に関しても、個人の生活を重視した個室が主流になり始め、また短期入所を希望する人が多いことがわかったため、要望に応じられる施設として、草加市には〇三年五月にキングスガーデンがオープンしました。

このように、課題も変化していくなかで、〇五年に国は、〇六年度に介護保険制度を大幅に改革させる案を発表しました。制度の改革は、当然草加市にも関わることになります。改革される全体像をみると、

1　予防重視型のシステム

2　施設給付の見なおし（居住費、食費）

3　新たなサービス体系の確立（地域密着型サービス、地域包括支援センターの創設）
4　サービスの質の向上（情報開示の標準化、ケアマネジメントの見なおし）
5　負担のあり方・制度運営の見なおし

などがありました。

高齢者が増え、施設はまだまだ十分とはいえないなかで、地域包括支援センターなどが一般市民に活用され、地域のなかで育っていくのは時間の問題だと思われます。

2　介護相談事業の開始

相談者の話をゆっくり聞くことから

表2　介護保険なんでも相談開催

開催年	回　数
2000年	8
01年	6
02年	2
03年	10
04年	14
05年	14
06年	16

介護保険について学習するとともに、草加市立中央公民館や谷塚ふれあいセンター、谷塚文化センターなどを会場に、相談事業をはじめました。

私たちの役割は、相談者の話をゆっくり聞いて相談する機関を紹介したり、介護保険制度など介護に関する資料、草加市の現状など情報を提供し、よりよい事業者を選ぶアドバイスができるようにしていくことだと考えています。老後の安心を支える私たちの介護保険制度なのですから。

3　介護関連施設等の実態調査

高齢者・障害者パーシャルでは、介護保険制度が導入される準備段階から、市民の立場で介護保険法・介護施設の実態を把握するための研究に取り組んできました。その結果、介護関連施設に関する情報や高齢者への情報不足がみえてきました。

そこで、私たち市民の手で介護関連施設の実態調査を実施し、情報マップや調査内容などを含む案内書を作成し、広くＰＲをしていこうと考えました。

介護関連施設を高齢者が選択する目安になるように

調査対象として草加市内三一か所と近隣五区市一一か所の介護関連施設など合計四二か所を対象にしました。

近隣五区市（足立区、埼玉県越谷市・三郷市・八潮市・吉川市）を調査対象に含めた理由は、草加市の地理的環境上、市民が草加市のみならず近隣の施設を利用する、またはすでに利用している現状を踏まえたためです。

○二年七月上旬から九月下旬までを調査期間とし、聞き取り調査をしました。

事前に調査に関しての依頼書を、施設長や介護関連事業所長へ郵送し、聞き取り調査にあたっては、区域を五地区に分け、調査員三～四人を一グループとして担当しました。

そのさい、介護関連施設を高齢者が選択する場合の目安になるよう配慮し、とくに経営者の理念・事業内容についてのＰＲなど、できるだけ具体的に聞き取りをし、またその施設を訪れる場合の交通手段を調べ、

『草加あいあいマップ』（一四三ページ参照）ではわかりやすく示すことができるように心がけました。

施設の夜間管理改善を早急に——現場を見ないとわからないことが

調査をした結果、次のようなことがわかり、メンバーにとっても大きな学びとなりました。

＊施設の地理的環境として、交通の便があまりよくなかった。これは、施設の建設用地との関連によるものと思われる。

＊介護老人福祉施設（特別養護老人ホーム）、介護老人保健施設（老人保健施設）、介護療養型医療施設などそれぞれの場所や施設サービスのちがいがよくわかった。

＊これらの施設の夜間担当職員数が不足していること、これは法律で決められた範囲の運用によるもので、経費とのかね合いが大きなネックになっていると思われるが、夜間管理についての改善が早急になされるべきだと思った。

＊草加市には介護療養型医療施設が調査時にはないことが判明（現在は一つある）。

＊足立区内の施設では、それぞれの利用者にあわせてグループに分かれて指導をしているのを知った。

＊入居者の居室について、どの施設も明るく、廊下や集会室は、とくに広くゆったりしていて、車イスでも自由に出入りができ、バリアフリーを考えるうえで、参考になった。

＊認知症の患者（人）のために廊下にイスを置き、模擬バス停を作るなどの工夫がされていたのは、一般の家庭では無理なことかもしれないが、参考になった。

＊災害時の備えとして、水の備蓄や自家発電の装置のあることなど、病院なみだと感じた。

＊働いている看護師、ヘルパーさんなど若くて、明るく、一人ひとりの対応がやさしくて、見学している方もやさしい温かな雰囲気になれ、これは高齢者や介護される人ばかりでなく、対人関係には常に

そうありたいものだと考えさせられた。

4　介護関連情報を『草加あいあいマップ』に掲載

手元において活きる情報を

財団法人日本財団助成事業『草加あいあいマップ』に、子育てパーシャルの公園調査の情報「草加のおすすめ公園」、子育て情報紙「ＳＫＩＰ」に掲載した「おさんぽマップ」とともに、「介護関連施設等実態調査」の三つのジャンルの情報を掲載しました。

〈草加市内八分割のカラー版エリアマップ〉　草加市内を八分割したエリアマップに「草加のおすすめ公園」「おさんぽマップ」とともに、事業所の位置を色別にし、通し番号をつけて表しました。位置を示した事業所の介護サービス事業所ガイドの掲載ページを記し、『草加あいあいマップ』のなかの情報を地図からも一覧表からも相互に取り出しやすくしました。

〈介護サービスの種類一覧〉　介護サービスの種類を理解することがまず必要と考え、在宅介護と施設介護に分けて一覧にしました。

〈いざというときの移動〉　『草加あいあいマップ』が、手元において活きる情報となるように、１　常日頃用意しておくこと（①電話の近辺に書いておくこと　②準備しておくこと）　２　緊急のとき　３　草加市内のタクシー案内　に分けて掲載しました。

介護施設・事業所の情報を取り出しやすく

草加市内と草加近隣に分けて、介護施設・事業所などの訪問調査一覧をつくりました。

エリアマップ上に示した通し番号、事業所名、住所、電話番号、事業内容、その事業所の詳しい内容の掲載ページを一覧にすることで、『草加あいあいマップ』のなかの情報を地図からも一覧表からも相互に取り出しやすくしました。

また、各施設別に一ページを使い、草加市内と草加近隣の介護サービス事業所ガイドの詳しい情報を掲載しました。エリアマップのページ、エリアマップ上に示した通し番号、訪問調査一覧表掲載のページを載せることで『草加あいあいマップ』のなかの情報を相互に取り出しやすくしました。

事業所名、電話・ファクス番号、住所、交通アクセス、事業指定年月日、管理者、相談担当者、従業員数、営業時間、休業日、二四時間体制の有無、受入数、事業内容、経営者の理念、事業所ＰＲ、その他、写真のある場合の掲載ページなど、調査した内容を事業所ごとに同じ項目に整理をしました。

＊　＊　＊

私たち市民の視点で調査した介護関連施設の情報を市内の皆さんに知って、活かしていただくために、調査項目の検討から、調査から得た情報の整理の仕方まで、高齢者・障害者パーシャルのメンバーで話し合いを重ねた活動でした。

（担当　細川美佐子・矢﨑庚子・谷澤欣子）

〈かかわった人の思い〉

常に学び、充実した生き方を

細川美佐子●高齢者・障害者パーシャルネット世話人

公民館活動は学びの場

私が福祉関係の仕事をしていたとき、みんなのまち草の根ネットの会を知り、会に入れさせていただきました。この会で市内のいろいろな福祉関係のお仕事をしている方の話を聞く機会や、情報が手に入り、自分自身が少しでも学ぶことができればと思ったからです。草の根ネットのみなさんはとても活発に行動をしています。

私は公民館主催の講座「女性セミナー」を受講しました。内容は、女の老後問題、家族、介護のこと、ボランティアの話など、その講演で東京の主婦のボランティアグループでデイサービスを始めたとのこと、東京都花小金井にある聖ヨハネ病院のなかにデイサービスができるまでの経過を聞き、私はとても感動しました。

草加市でもデイサービスの施設を作りたいと聖ヨハネ病院を見学させていただきました。お年寄りのみなさんはとても明るく、お世話をしているボランティアさんもとても活き活きとして利用者さんと目線を同じにしてお話をされていました。

見学のあと、数十名で、地域で私たちになにができるかを何度も話し合いをしました。「草加に住んでよかった……」といえるように「豊かな老後を考える会」を発足し、ニュースを毎月発行し、学習部、健康部、ボランティア部の活動を会員の親睦をはかりながら楽しく現在も活動しています。

学んだことを地域活動に活かす

日本テレビ「愛は地球を救う　二四時間番組」から入浴車をいただき、市内で寝たきりの方への在宅入浴サービスを始めたので手伝ってほしいと友人から誘われ、心配もありましたが、講習会などに参加し、今ならできると思い、入浴サービスを手伝うことにしました。

高齢者のお宅に二人一組で二時間お話相手をするケアパイ

ロット事業もありました。意外にひとり暮らしの多いのには驚きました。認知症の方もいらっしゃいます。三年間でパイロット事業も終わりましたが、このような事業をなくすことが惜しく、デイサービスの施設を作るために、土地と建物をお借りして、認知症のデイサービス「こだまの郷」をオープンしました。「こだまの郷」も在宅入浴サービス、デイサービス、家事サービスなどを行なっています。

一九九六年三月に全国社会福祉協議会の第一〇回「住民参加型在宅福祉サービス全国研究セミナー」に参加し、「新しい制度『介護保険』について」を聞き、二〇〇〇年四月からスタートする介護保険について学びました。厚生省（当時）の担当者から社会で扶け合う保険で、社会福祉法人など法人格を取得した団体が、介護保険制度の仕事をしていくシステムだという話を聞きました。法人格をもたないグループでは仕事ができないので、「こだまの郷」も土地と建物を持ち主に提供してもらい、県や市の方に指導を受けながら、法人格を取得する準備を始めました。理事や評議委員を選んだり、資料を作成するのがたいへんでした。草加市の職員の方には感謝しています。

九八年三月に社会福祉法人「草加こだま会」を設立しました。

草の根ネットを足がかりに

私はその後「草加こだま会」を退職しました。そのころ市役所で宮本会長と矢﨑さんに出会い、草の根ネットに高齢者・障害者パーシャルをつくりたいので世話人を引き受けてくれないかとのお話をいただきました。私は悩んでいたときなので世話人を引き受けることにしました。

二〇〇〇年四月から始まる新しいシステム「介護保険制度」を広めるため、埼玉県が県内に参加者を募集した講習会は二〇〇〇名が参加し、草加市からも三十数名が参加して勉強してきました。講習終了後は、市内の公民館、青少年ホーム、勤労福祉会館などの施設で、介護保険の学習を深めながら、「介護なんでも相談」を実施しています。

市内にも介護保険の施設が増えてきました。介護老人福祉施設（特別養護老人ホーム）、介護老人保健施設、デイサービス施設の送迎の車が多く走っています。一般の方も介護保険制度の内容はともあれ、言葉をテレビなどで知ってきたのではないでしょうか。これからは元気な高年者で自立して生活していくことですね。

私たちも介護保険の相談を月一回谷塚文化センターでしていますが、同時に高年者の交流広場を実施しています。内容は高年者が指導者（先生）になって、毛糸でタワシを編んだり、折り紙、新聞紙で作る花のブローチ、押し花、ビーズでアームバンドづくり、七宝焼きなど、お茶とお菓子を用意して毎月お話をしながら作っています。体操、プール、運動のできない人のためにも、月一回の高年者交流広場を続け、さらに回数を増やしていきたいと思っています。

現在、施設に入居している人やデイサービスを利用している人の家族から、「家族の会がありませんか」と相談を受けます。私たちも家族の相談の実施や、さらに施設で働いている職員の質を高めていただきたいという希望を行政につなげていく活動をしていきたいと考えています。

これからも、閉じこもりをしないで、家から外へ出ていくようにして、おしゃべりをしましょう。常に学ぶこと、そして充実した生き方をしていきたいと思います。

〈かかわった人の思い〉

障害者問題を気にかけながら

矢崎　庚子●高齢者・障害者パーシャルネットメンバー

興味津々の参加

私はもともと人前で話すのが苦手。だから人の話を聞いているのが性に合っていると思い、多少、本を読むのが好きでしたので、マイクに向かって読む、テープ朗読のボランティアをしていました。

あるとき、草加に「外国人にも住みよいまちづくり」のテーマで、文部省（現在の文部科学省）から助成金をいただき、研究調査しているグループの一人から、「今度、国立婦人教育会館（現在の国立女性教育会館）でその成果発表を秩父と共同で行ないますので参加しませんか？」とお誘いを受けました。え！「外国人にも住みよい……」、いったいどんなことをしているのかしら？　草加に住んでいて、苦情はたくさんあっても、それをどうすればよくなるのか思っているだけで、行動に移すことなんて少しも考えなかったのに、その点を考えただけでもすごいと思いました。これはどんなものかちょっと首を突っ込んでみる価値があるかなと、興味津々参加させていただきました。

限られた時間内に、自分たちの調査した研究結果と、これからどう方向づけるかなどを堂々とわかりやすく、しかも時には笑いを誘いながらの発表に圧倒されました。

草加にはこんなすばらしい人たちがたくさんおられ、自分たちの住みよいまちをつくろうとしている、そのことに感動しました。そしてこんなにすばらしい人たちから何かをいただき、自分を少しでも高めながら生きていけたら、私の引っ込み思案も少しは変えられるかなという望みをもちながら、仲間に入れていただくことにしました。

それまで、私が関わっていた視力障害の人たちやその他の障害をもっている人たちのことを考えました。当時は介護保険制度導入の前で、さかんに介護保険の勉強会や、高齢化社会の調査、研究など、世間の関心は、すべてといっていいくらい、そのことに向かっていました。ですから、そうした状況のなかで、障害者は「おいてけぼり」を食うのではと心配になったのです。そのことをある行政職員に話しましたら「高齢者によいということ、高齢者が住みよいということは、障害者にもいいことなんだよ」という言葉が返ってきました。でもでも私のなかではまだ納得ができない部分もありました。この疑問、なんとなくモヤモヤしている感情も「みんなに住みよいまちづくり」の仲間に入って解決していけたら、少しでもお手伝いがしてみたいと思いました。

いよいよ活動へ

そして、いよいよ一九九六年三月より、参加して、活動の開始です。六つのパーシャルネットのなかの一つ「高齢者・障害者パーシャル」に入りました。

まずは、高齢者問題、「介護保険」の勉強からです。当時まだ介護保険準備室だった草加市役所の職員から、「なぜ必要なのか、この制度の必要な理由、そして草加市はどのように取り組んでいくか」などをていねいに説明していただき、おぼろげながら全体像がみえてきました。二〇〇〇年四月から本格的に実施された介護保険、三年ごとに見直され、六年後には大きく変わる制度となれば、勉強すること、おおぜい

みんなのまち草の根ネットの会が主催した、福祉施設「クォーター
ビレッジ」の視察。一般の方も参加（2005年12月1日）

の人と一緒に課題や学習することが多く、毎年一回、草加市の職員に講演していただいたりしました。

また、「NPO法人さいたまNPOセンター」が埼玉県の委託を受けて開いた「介護保険サポーターズ」の講習会が県下二〇〇〇人を対象に行なわれましたので、この機会に私も受講して、ダンゴ三兄弟ならぬ「介護保険三兄弟」の劇やロールプレイを通して、実際にどうしたらよいかを学びました。

講習会の修了生で「草加草の根ネットサポーターズ」を立ち上げ、中央公民館を拠点にして、月一回、これから介護保険を利用したい人、その家族がかかえる問題や不安など、身近な問題の解決法をさがしたり、相談に応じる場としました。

こうしたなかで、二兎を追うのはむずかしく、「障害者問題」については、人を得ること、その他の条件がなかなか整わず、取り組みが遅れています。健常者のみでなく、障害者と一緒に核となる人をたて、そこからネットを広げていくのが大事だと思っています。

地域づくりパーシャルネット

1　コミュニティづくりを推進するための「白書づくり」

パーシャルネットの会議を中心に活動

地域づくりパーシャルネットは、一九九七年一〇月から会議が開かれました。ネットの活動目的である誰にも住みよいまちづくりのため、調査、学習、研修などについて話し合う会を五回行ないました。一二月には遊馬《あすま》町で活動している女性の会の「あすまレディース」とまちづくりと女性の活動についてミニフォーラムを開催しました。

翌年の地域づくりパーシャルネットの会議は九回開催しました。五月には草加市制四〇周年記念事業「パートナーシップによるまちづくりシンポジウム」の第一回実行委員会に参加。引き続き「地域のミニシンポジウム」に六回参加し、一一月「全体シンポジウム」に参加しました。

この年は、課題さがしに動きまわりました。

「パートナーシップによるまちづくりシンポジウム」で、市民から出された意見のなかで、昔からの住民と新しく住むようになったいわゆる「新住民」がいっしょになれる新しいコミュニティづくりに取り組むために、地域づくりパーシャルネットの活動として、町会運営のための学習会「コミュニティ研究会」の必要性がみえてきました。

そこで、九九年六月に第一回、七月に第二回「コミュニティ研究会準備会」を行ないました。

草加市は、市制四〇周年記念事業で「市民と行政のパートナーシップによるまちづくりの確認」を行ないました（一四二ページ参照）。その確認とは、市民と行政のパートナーシップによるまちづくりをさらに発展させるために、市民と行政とからなる推進組織を設置し、市民の日常生活における様々な課題解決の仕組みづくりに取り組むことでした。それにもとづいて、九九年度に市内の団体のいくつかを選んで現状と課題を知るためのヒアリングが行なわれました。草の根ネットはその対象団体となりました。

「白書を作って終わり……」ではなく

草加市が新しいコミュニティづくりを推進していくための草加アクションをつくり、そのひとつに「白書づくり」があげられました。二〇〇〇年度に「白書づくり」モデルを二地区募集し、瀬崎地区と高砂住吉中央地区がモデル地区となりました。

瀬崎地区は、四月から都市計画マスタープランに基づいた「地区詳細計画づくりのモデル地区」を受けて、瀬崎まちづくり研究会がスタートしていましたが、「白書づくり」も併せて受けることにして、九月からハードの地区詳細計画づくりとソフトの白書づくりのまちづくり活動を開始しました。まちづくりの説明会や講演会を経て、タウンウォッチング、懇談会を行ないました。

高砂住吉中央地区は、一〇月から話し合いをはじめ、「高砂住吉中央まちづくり懇談会」を開催し、地域づくりパーシャルネットメンバーとして世話人・須田英男が高砂住吉中央地区のまちづくりに参画しました。

まずはスタートにあたって高砂住吉中央地区には従来からの白書が一六冊作成されていて、それが眠っている。「白書を作って終わり……」ではなく、継続することが約束されるなら参加するという意見が多く出されました。

二〇〇〇年三月までに、高砂住吉中央地区は七回の会合を開き、地区の問題点を以下のような「一〇の課題」として集約しました。
(1)草加駅前再開発後遺症の解消
(2)草加彦成線の拡幅
(3)マンションの増殖から生まれる問題点の解決
(4)旧道商店街の活性化
(5)草加団地の計画保留地の活用検討
(6)広域構造の変化への対応
(7)住民活動の活性化
(8)行政の対応の改善要請
(9)コミュニティ施設としての学校施設の活用
(10)コミュニティの形成
この瀬崎地区と高砂住吉中央地区のまちづくり活動の経過報告を〇一年四月の草の根ネットの総会でしました。

またこれら、高砂住吉中央まちづくり市民会議の成果は、〇二年四月に埼玉県男女共同参画推進センター「With You さいたま」オープニングワークショップでの草の根ネット・地域づくりパーシャルネットの部分に、展示・発表しました。

2　ネットワーク会議「まちづくりをつなぐ会」の開催

〇一年五月のパーシャルネット会議では、総会で報告をした二地区、ほか二団体と行政の参加でネットワーク会議「育てよう！　地域のコミュニティづくり」をパネルディスカッション方式で開催することを決定し、コーディネーターに地域総合研究所の斉藤睦氏をお願いし、準備を開始しました。

まちづくり団体「まちづくり市民会議」の設立と活動

モデル地区の指定を受けた前年度の活動をもとに、瀬崎地区では〇一年七月に、住民主体のまちづくり団体「瀬崎まちづくり市民会議」が設立されました。九月には「高砂住吉中央地区まちづくり市民会議」も発足しました。

そして八月に草加市文化会館でネットワーク会議「育てよう！　地域のコミュニティづくり」（まちづくりをつなぐ会）を開催しました。参加者は三一名でした。

まちづくり団体の発表では、

＊住民と行政の協働による新たな視点でのまちづくりに取り組む（瀬崎まちづくり市民会議）

＊商店と職人のまちがマンション街に変わり、地域の活性化と新たなコミュニティづくりを考えたい（高砂住吉中央地区まちづくり懇談会）

＊団地内で交流を図り、助け合う救助活動に取り組んでいるが、近隣町会との接点が少ないので災害時に心配である（旭町たすけあいの輪）

＊市内唯一の市街化調整区域であり、東埼玉道路開通や隣接する越谷レイクタウン開発事業に対応して

「まちづくり検討委員会」を再度結成した（柿木まちづくり検討委員会）
などの話がだされました。
行政からは、
＊住民主体で進める地域の特色あるまちづくりをバックアップしたい
＊二つのモデル地区の活動を今後に活かしていきたい（企画課）
＊急激なマンション増加でコミュニティがとりにくくなっているので、いろいろなかたちでのコミュニケーションづくりを考慮中（コミュニティ・文化課）
などの話がありました。

回を重ねる「まちづくりをつなぐ会」

〈パートⅡ——〇四年二月開催〉　草加市文化会館で、ネットワーク会議「育てよう！　地域のコミュニティづくり」（まちづくりをつなぐ会パートⅡ）を開催しました。当日参加者は八八名でした。〇二年八月のネットワーク会議に引き続き二回目で、前回の二地域のパートナーシップによるまちづくり団体に四地域加わり、六地区の交流の場がもたれました。
パートⅡでは三つの課題が見えてきました。
1　市役所と市民の関係を変えようという全国的な流れが起こっている。各地区の住民が自分たちの活動を推進していきたいという希望を出して、そのことを行政がどう応えていくか、というように変わってきている。
2　この関係を変えるにあたって、パートナーシップ事業というなかで「みんなでまちづくり課」という担当のセクションをつくってやっているが、そのやり方はどうか。

表１　アンケートの設問（８団体から回答）……パートⅣ

1　活動を効果的に運営し、リードする「事務局機能」が必要だと考えますが、あなたの地域はどうなっていますか？

……行なっているところ　４団体

2　どんな方法で活動を地域のみなさんに知らせていますか？

……会報を発行している　５団体

3　活動への住民参加が課題ですが、どんな工夫をしていますか？

……人集めは魅力的なイベントの開催　４団体。口コミ　４団体

4　地域づくり活動で悩んでいることはなんですか。一つ○印をつけてください。

イ）参加してくれる住民が少ない　４団体
ロ）活動をリードしてくれる役員のなり手がいない
ハ）魅力的なイベントや会合などの企画力がない
ニ）住民の意見をまとめてゆく手法が身についていない
ホ）地域に関心をもつ住民が少ない　４団体
ヘ）その他（具体的に）……地域の美化運動を起爆点として

5　地域活動では特に若い世代（20～40歳代）の力が会を動かす主力となることが重要ですが。あなたの地域の現状は？

６割以上が60歳代、70歳代

3　活動の過程で、それぞれの地域住民の参加は？　リーダーはどのようにして行動したらよいのか。また行政はどのような具体的な支援をしていったら市民との関係がうまくいくのか。

以上のようなことともに、今回は六地区がそれぞれの現況、感じていること、課題について発表しました。

〈パートⅢ――〇五年二月開催〉　「パートナーシップによるまちづくり推進事業」が進められている七地区で、いままでの経過報告や意見、情報の交換を行ない、活動報告と交流の場をもちました。参加者四六名でした。

〈パートⅣ――〇六年二月開催〉　「いま〝地域力〟が問われています」と題して開催されました。参加者は五八名。

はじめにコーディネーターから研修を受け、事前にまちづくり団体に送ったアンケートをもとに、話し合いが行なわれました。**表１**の設問５の回答には「祭りの御神輿について、若い衆が話し合うことがきっかけで参加意欲をもつようになった」という例も出されました。

〈パートⅤ――〇七年一月開催〉　まずはじめに獨協大学が行なった「草加市に居住する団塊世代のまちづくりへの参加意向調査」の報告から始まりました。八四％が六〇歳を過ぎても草加市に住むと答えていますが、町会・自治会への積極的な活動はしておらず、今後、旅行・

家庭菜園やガーデニング、スポーツなどを楽しみたい反面、生涯学習にはあまり興味をもっていません。また、「ボランティア活動やＮＰＯ活動、コミュニティ・ビジネスなどをやってみたいか」との問いには「やっている・やってみたい」は六割弱と意欲はありますが、ほとんどが「情報の提供」「会員の仲間作りの場・機会」「活動場所の提供」を望んでいるという結果が報告されました。

つぎに、「草加市内の地域づくりのいま」と題して、フリートーキングで情報交換会を行ないました。各団体から提出された一一地区の活動資料をテーブルごとに置いて、自由に回覧し、質問があればポストイットに書いて貼っておきます。そしてその質問は、該当する担当地区の人に答えてもらう、という方式をとりました。参加者は五九名でした。

質問の一部として、以下のようなものがあげられました。

＊地区事業部の谷塚駅前のクリスマスコンサート事業とはどのような内容で行なったのか
＊ボードウォークプランの説明をして下さい
＊今年度の活動で税金問題・土地活用等についての相談事業とは具体的にどのようなものか
＊施設の公園、小公園の活用について。運用と管理について知りたい
＊フリーマーケットの運営について
＊アルミ缶回収の具体的な方法は？
＊親善町まちづくりの防犯パトロールについて知りたい

一一地区のまちづくり団体の参加を得て、「新しいコミュニティづくり」が課題として不可欠であることを共通の認識とし、市民と行政のパートナーシップによるまちづくりをさらに発展させる仕組づくりに取り組むことを目標に、交流会の「まちづくりをつなぐ会」を継続して開催していきたいと思います。

3　助成事業・助成金を受けての活動の広がり

草加市ふるさとまちづくり応援基金の助成

〇四年四月、草加市ふるさとまちづくり応援基金制度がスタートし、地域づくりパーシャルでは、「つなげよう部門」に応募して助成を受けました。この助成は翌年度も受けることができました。

助成対象事業として、まちづくり活動を行なっている団体相互のネットワークづくりの機会を設ける交流活動に対して、その経費を助成するというもので、その目的として、まちづくり活動を開催し、その報告書を作成すること、そして会員のレベルアップのためにも研修会に参加することでした。

成果として、ネットワーク会議「まちづくりをつなぐ会」のパートⅡ～Ⅳの報告書を作成することができました。また、〇五年には「地域再生実践塾」研修会（長野市）、地域づくりネットワークの「情報交換会」研修会（川越市）、翌年三月には地域再生実践フォーラム「地域が育てる人づくり　人が育てる地域づくり」に参加しました。

4　ワークショップ参加や他地域との交流も

中央公民館まつりへの参加

〇二年一〇月に開催された中央公民館まつりでは地域づくりパーシャルも参加し、活動報告をパネル展示しました。展示を見て、草の根ネットの個性――考え、話し合い、行動するということ、また、いろいろな人がいろいろなテーマに取り組み、課題解決に向けている様子がよくくみ取れるという感想をいただきました。

また、〇四年一〇月の中央公民館まつりでワークショップをしました。一〇月一日に制定された草加市まちづくり自治基本条例の普及、まちづくりセンター検討事業報告とともに、まちづくりをつなぐ会でネットワークされたまちづくり団体の参加をえて、活動報告と交流の場をもちました。

青森県下田町と交流

〇三年二月には、青森県下田町からまちづくり団体の一行が瀬崎まちづくり市民会議との交流・懇親会にやって来られ、行政や草の根ネットも参加して、まちづくりにかかわる必要な情報交換・交流の機会をもちました。

市内で新しくまちづくりをはじめたいと考えていた地域からも参加があり、これをきっかけにまちづくり活動がはじまったところもありました。お互いに離れた地域で思いをもって活動していることに勇気を得て、「これからもがんばりましょう」とネットワークの大切さを感じたひとときでした。

地域づくりパーシャルでは、〇五年度から、会議を毎月一回開催することにし、地域づくり団体が抱えるそれぞれの問題に、同じ課題に取り組む他の地域団体や個人が集まり、情報交換や知恵を出し合う交流の場を設けることで、より効果的にパートナーシップによるまちづくりを推進することができるのではないかと確信しています。

地域づくりのネットワーク化がより進み、地域間で主体的に情報交換などの交流がすすむことを、これからも活動目的としてつなぐ会を開催していきたいと思います。

（担当　阪上久子・須田英男・齋藤永江）

〈かかわった人の思い〉

二一世紀のまちづくり

昇髙 京子
●地域づくりパーシャルネット世話人（第一代）

二〇〇五年一月一七日午前五時四六分、私は神戸・東遊園地の「阪神大震災一・一七のつどい」の会場にいました。小雨のなか、四三〇体の雪地蔵と六四三三本のろうそくとともに、まるで一〇年の歳月が止まってしまったような遺族の悲しみが、そこにありました。そして今年二〇〇七年一月一七日、神戸市内のいたる所で十三回忌法要が営まれたのです。

その後に起きた新潟県中越沖地震を始めとした日本各地の地震・水害被害。まるで大自然の怒りではないかと思えるような災害の連鎖のなかで、阪神・淡路大震災は過去のものとなり、表面だけをみれば神戸は復興したかのようにみえます。しかし、一歩なかに入ってみると、その傷は癒やされるどころかますます深くなっているのも事実です。この本の出版を機に、もう一度災害時における地域の役割・関わりかたを考えてみたいと思います。

＊　＊　＊

私は二〇〇五年一月までの二五年間を草加市で過ごし、音楽家として、また市民として市政との関わりを経験してきました。「市制施行四〇周年記念事業・パートナーシップによるまちづくりシンポジウム」における私の提案も、たまたま神戸に関係し、親戚・知人を罹災者にもった市民としての経験を話したものです。都市全体が一瞬にして壊滅状態に陥った阪神・淡路大震災の被害は予想をはるかに超えるものでした。昨日までの文明はなすすべを失い、皮肉なことに徒歩・手作業など原始的な力が大きくものをいったのです。そして、生存確認に役立ったのは住民票などではなく素朴な近所付き合いの情報だったのです。誰々さん宅には息子が帰って来ていた、お祖母ちゃんは町内旅行だ、あの家は留守だなど、その情報によって一人一人手作業で助け出していったのです。その後の無事確認も、その地域の避難所を調べて埼玉から電話をすれば、伝言板などで連絡が可能でした。

しかし一番困ったのは、近所付き合いもなく、町会などにも属していない場合です。現在のように携帯電話も普及していなかったので、直接現地に出向いて確かめるしか方法がなかったのです。

＊　＊　＊

最近は、核家族のうえ個人主義の生活に慣れ、日常生活に干渉されるのはとても面倒なことです。しかし、災害時に頼れるのはやはり昔からの諺どおり「遠くの親戚より近くの他人」だったのです。家人が大阪で高騰した野菜を購入し、やっとの思いでたどり着いた神戸で目にした光景は、食品を通常価格で売る中華街の人々の姿だったのです。とても衝撃を受けました。今自分のできることをする。そこには国籍も血縁も無く、助け合う人々がいたのです。しかし、そのときになって急に人間関係が築けるわけではありません。多少面倒でも、町会などに加入し、普段から隣近所の家族構成くらいは把握しておく、またされておく必要があるのではないでしょうか。そして、町会も形だけでなく、いざというときに実際に機能する組織でなくてはならないと思います。

神戸市のように北に山、南に海をもつ都市でさえ、建物が崩壊し目印がなくなると避難場所がわからなくなることもあるのです。方向を示す自然に恵まれていない都市では東西南北を見失い、神戸とは比べ物にならない混乱を予想しておくべきだと思います。

＊　＊　＊

町会も高齢化が進み、若い人達にとって敷居が高い場合もありますが、反対にどんどん若い役員を起用したり、マンション住民とのコミュニケーションをはかった行事を企画したり、いろいろ工夫する傾向もみられます。普段ならば、マンションの管理組合に加入し、その建物内だけの交流で充分でも、阪神・淡路大震災のように建物全体が崩壊した場合、その地域に頼らざるを得ません。

また、地域もいざというときには若い力がどれだけ必要になるかしれません。ただ単におしゃべりの場だけでなく、これからの地域組織は、いざというときにどれだけ機能できるかということを問われる時代になってきたのではないでしょうか。そして、震災から一三年を経た今、神戸で新たな問題になっているのも、違った意味での地域づくりです。

皆が、同じ災害のもとでは可能だった協力が、年月とともに個々の復興の差が出てくるにつれ、難しい問題が出てきています。嫌な事件が多発しているのも決して無関係ではないでしょう。そして、災害時にできたとても素晴らしい人間関係が、新しい都市計画によりゼロになった地域も多いのです。とても人ごととは思えません。災害直後に頼れるのは、地域だと再認識したいと思います。

二〇世紀の文明の進化はめざましいものがありました。私達も、その恩恵に浴して、生活がどれほど豊かになり便利になったでしょう。しかし、その便利さばかりに心を奪われ忘れてきた物がたくさんあったような気がします。ここで、もう一度原点に戻りゆっくり考えてみたいと思います。

二一世紀に生きる今、地域づくりを考えることにより、人間が生きていくとはどういうことなのか、本当に大切なことは何なのか、それを考えていけたらと思います。そして、試行錯誤のなか、後世の人達にとってモデルとなるような地域のあり方が示せれば、市民参画のまちづくりの意味があったのではないでしょうか。

〈かかわった人の思い〉

まちづくりとのかかわり

岡野喜一郎
●企画委員
高砂住吉中央（ＴＳＣ）地区まちづくり市民会議会長

二〇〇〇年一〇月一一日、この夜の出来事は私にとって終生忘れえぬ出来事でした。

この夜、地元旧町（一・二・三丁目）のまちづくり白書作成について有志を集めた私は、これまで行政に対する自分の見方、考え方の甘さを痛感し、大きなショックを覚えました。この夜を境に永遠の課題である「まちづくり」に引きずり込まれたからです。

草加市企画課は、この地域を「中央地区」と称し、「まちづくり白書」作成を行ないたいとして、説明と同時に仕上げまでのタイムスケジュール化を諮るつもりでした。予算の関係で、〇一年三月末までの五か月間で仕上げるためで、コンサルタントを含め約一〇名。我々は一四名で、いちおう白書をつくることを前提に、とにかく話を聞いてみようと私の呼びかけに応じてくれた人々でした。

たぶん、企画課は、行政が説明すれば大方の諒解は得られると思っていたようでした。

＊　＊　＊

話合いが始まりました。いちおう説明が終わりました。

事態は一変しました。我々出席者のほとんど全員が、ここ数十年間、行政がこの地域をどのように作り上げたいのか、また何がこの地域に作られたのか、不信を感じたのでした。草加の中心・顔だとかいいながらこれまで何回も我々に意見を求め、何度時間を割いて狩り出されたことか。そのつど、コンサルタントが報告書を書いてくれました。旧町南から北に繋がらない絵ができて終わりでした。一方で、それら報告書にない駅前再開発による大規模店が出現、我々地元商業者は、全滅しました。「このうえ、またまた白書か？　何も協力する気はない」という非難と詰問でした。この点が私の甘さでありました。みんなの心中にある行政不信の念の深さを読めなかった甘さです。企画課も驚いたことでしょう。これほどまで行政不信が根深いものとは思っていなかったに違いありません。後刻、コンサルタントの先生は、「凍りつくような空気であった」と言いました。

私は、そこでこの会は打ち切りにしようと思いました。最後に宮田企画課長は、「自分たちも過去を調べてみるから、その結果報告のために、あと一回話を聞いてくれ」と言いました。集まったメンバーも、「二、三年で行政職員は転任し、引継ぎがないのか？」と疑問もでて、もう一回話を聞き、どうするかはそのときに決めようということになりました。みんなの空気がこんな状態で、五か月で白書を作ることができるか、また絵に描いた餅にならないか、行政不信感を増幅させるなにものでもないという思いがありました。

＊　＊　＊

一一月七日、我々側の出席者は五名しかいません。その日の企画課の説明では、そのときまでに一六冊の報告書があり、それを持ってきました。この事実に行政側は謝りました。何ひとつ実現していません。できたのは草加駅前再開発事業による商業施設「アコス」だけでした。我々側のみんなは、何もいう元気もありませんでした。しかしこのとき、「みんな、せっかく集まったのだから……」と言い出したのは、駅前再開発事業の中心的役割を担って、たいへん苦労した染谷勝之君でした。「ちょうど駅通りの県道拡幅も始まるし、駅前再開発の問題点もある。今をおいて次はないかもしれない」など解説がありました。

行政側もともに行動するとのことで、この会がスタートすることになったのです。〇一年三月末日までの五か月間は、ときには地域女性たち、マンション住人、あるいは商業、若者等々、九回集会を開き、①草加駅前再開発の後遺症 ②彦成線（草加駅通り）の拡幅 ③マンションの増殖 ④旧道の活性化 ⑤草加団地の建替え（コンフォールの空き地） ⑥学校のコミュニティ施設化 ⑦広域構造の変化 ⑧住民運動 ⑨コミュニティの形成 ⑩行政の対応 という一〇の課題を抽出し、「草加の『顔』を輝かせよう、中央地区まちづくり白書 その一」ができあがりました。ここでの「中央地区」とは、旧町一・二・三丁目地区としていますが、白書だけでは終わらない課題の解決、実現に今後も活動することとし、企画課とともに活動することを決めたのです。

市制施行四〇周年を期して、宮本節子会長率いる「みんなのまち・草の根ネットの会」が、パートナーシップによるまちづくりを提唱、行政との合意のもと、市民と行政が一体となってまちづくりをしていかなければ本当のまちはできないということを我々も少しは認識していました。今までは、この部分がないから不信感が募るのです。

＊　＊　＊

この合意を受け、二〇〇〇年度白書づくりの予算が、草加市内二か所分、企画課についたとのことでした。この白書づくり事業に、瀬崎地区が最初に受けたとのこと。もう一か所ということで、私が宮本会長から引き受けについて、「中央地区はいかが？」と打診をされたのは、八月の暑いころでしたが、諸々のことが重なっていたので、即答はできませんでした。しかし、諸般の状況を考えると潮時かなとも思いましたが、私にできるかどうかまったく自信がありませんでした。私にとってもっとも決断せしめたのは次の二つの理由からでした。

一つは、永年ある仕事（？）で肝胆相照らす友人の矢島久夫君のことばでした。彼はパートナーシップによるまちづくりに強い信念をもっていました。惜しい人はどうして早く逝ってしまうのか、誠に残念なことに彼はすでに故人となってしまいましたが、病気療養中の彼を見舞いにいったとき、たまたま二人だけになったとき、彼が言いました。「私にやり残したことが三つある。その一つ、コミュニティの再生のためのパートナーシップによるまちづくりで、今、草加市はこの点が心配だ。今後、行政と市民とが協力しなくてはよいまちはできない。市も考えると思うが、変わらなければ変えてくれ」と言われました。市政について草の根ネットを通じて、中央地区の白書づくりが実現したのも、彼の力でしょう。その後幾度となく、そのときの情景が頭のなかをよぎっていたころ、草の根ネット会員の須田英男君が協力を申し出てくれました。思い切ってやってみようと有志に声を掛けたのが、前述第一回目の日時でした。

＊　＊　＊

今、高砂住吉中央（ＴＳＣ）地区まちづくり市民会議として、約七〇名の会員と、四つの委員会、

1　グリーンロード委員会――草加駅通りの植栽と歩道の管理
2　一《ひ》・二《ふ》・三《み》の市委員会――昔の旧道の市を目指して
3　小径トレイルマップ委員会――旧四号線以東の歴史地図
4　広場委員会――コンフォール空き地利用による賑わいづくり

にわかれ、全員が動いています。主としてソフト面は、賑わいの再生とコミュニティの再生、マンション住人の参加を得るような活動をしています。そして一〇の課題の解決に向けて努力しています。

行政の機構も変わりました。ともに行動できるようになったことは大きな変化です。

〇三年九月、市は、「今様・草加宿」実行委員会を立ち上げ、我々ＴＳＣ地区まちづくり市民会議もそのなかの地域であるのでともに連携して活動するようになってきました。

彼のことばがなければ、私は今、まちづくりをしていなかったでしょう。また今も彼が健在であったならばたぶん、もっと異なったまちづくりの形式になっていたかもしれません。本当に惜しく残念でなりません。個人のことばかり書いて恥ずかしいですが、今回まちづくりについて話を書く機会をえ、以上のことははじめて公にするのですが、何で関わったかをいわなければ、彼に申し訳ないと思うからです。

〈かかわった人の思い〉

再び「まちづくり」に

染谷勝之
●地域づくりパーシャルネット世話人（第五代）

四〇代前半から五〇代前半にかけての私は、東武伊勢崎線草加駅東口再開発事業にのめり込んでいました。それは、三〇代前半に雑誌で出会った旭川駅前で国道を閉鎖して実施したという、買物公園の記事が、ふるさとに帰ってきた私の心をつかまえたのがはじまりでした。しかし、再開発事業の施設ができあがるとともに急速にわたしの心は冷えていったのです。

市施行の再開発事業は、行政にとっては施設の完成がすべてであったのです。私たち、少なくとも私は、施設の完成は事業の始まりだと思っていました。多くの人が語り合い、小異を捨て、大同につくことを旨とし、大きくは都市間競争までを視野に入れ、できる限り個を排して、固まりとしての繁栄を心がけたつもりでした。また、仕組みづくりを考えるリーダーたらんと努力もしてきたとの自負もありました。

再開発より生まれる商業床を地権者が共有、もっていることと、使用することを別に考え、効率的な床使用による収益増をはかったり、管理会社に株式の一〇％を目標にした出資をすることで自己規制をかけるなど、たくさんの事例研修から得た情報を活用し、新しい考え方を提案しました。また、再開発事業という「点の事業を面」に拡大する努力を行政はするということでもあり、文字どおり、この事業が〝まちづくり〟の始まりになると信じてもいました。結果は、この再開発事業計画案が草加市議会を通過するときの付帯意見、取り付け道路である県道草加停車場線の拡幅工事が〇五年度に着手され、三十余年の年月が流れただけでした。

＊　＊　＊

その間草の根ネットを中心とする市民と行政とによる『まちづくり』が唱えられ、動き出しました。とても参加する気にはなれませんでした。私にはとても「パートナーシップ」なるものが生まれるとは思えないからでした。

なのになぜ、今、私がこの会で、しかも『まちづくり』を再び考え、行動しているのでしょうか。宮本会長や矢島先輩の助言もあり、私の生活基盤である旧町南半分の、これからを考える白書づくりが始まることになったのです。五年前です。行政不信の私ですが、古い知人からのお誘いもあり出席してみました。

会を重ねるたびにいらいらが募ります。この地区、過去にも一〇度を越す計画案づくりが行なわれ、そのたびに、地元ということで参加していた人たちは、ある意味では私以上に行政不信があり、白書づくりが難しい状況になってきました。

交通の混乱、マンションの増殖は、私のふるさとを壊している、それも予想を上回るスピードで、今、行政もそこに住む我々も、本当の意味での「パートナーシップ」をもつことができたら、歯止めがかけられるかもしれない、かけられる最後の機会では、の感が、私のなかに芽生えてきました。再開発事業で学んだ、いや体にしみついた感覚かもしれません。そして四〇代の私に仕事をさせてくれた先輩方のことも思い浮かべました。

＊　＊　＊

六〇代になっていた私のできることは、行政、地元を問わず、『まちづくり』に携わってくれる次の世代に、十分仕事をしてもらうために、何ができるか考えることでは、という自分の声も聞こえてきました。行政不信、行政不信といっているだけでは、解決できる問題は少ないとも思いいたりました。

草加駅東口再開発事業が市施行であったということで、行政と住民という対立軸で、ものごとが常に考えられました。行政には法というよりどころがありました。しかし住民は、多くの施行例の見学などを行ないましたが、自分たちと同じ環境や状況のところにはめぐり合うことができず、常に孤独感に近い感情をもっていたように思います。

草の根ネットは、つなぐことも大きな目的のひとつです。わがまちでもいくつかの地域で、自分の住んでいる地域を考えようという気運が高まりを見せ始めていました。この会の機能を活かせれば、私が味わった孤独感や行政不信を取り除くことができるかもしれない、除くことが「わがまち……草加」づくりに必要ではないか、悩みも基盤も同じくする仲間と話し合えたら等々、考えは次第に膨らんできました。草の根ネットの設立の元となったひとつの団体に私も属していましたし、会費も払っている会員でもありますが、敷居が高かったことも事実です。幸い白書づくりをすることになった地

国立女性教育会館（ヌエック）主催「女性学・ジェンダー研究フォーラム」でのワークショップ（2005年8月27日）で発表する

域に「地域づくりパーシャルネット」の世話人がおられたこともあり、参加させていただき、〇六年二月に第四回「まちづくりをつなぐ会」を開催しました。

＊　＊　＊

草加市では、パートナーシップによるまちづくり推進事業として、二〇〇〇年から市内一～二地区ずつ協働で、地域のコミュニティづくりを進めています。地域づくり団体が抱えるそれぞれの問題に同じ課題に取り組む他の地域団体や個人が集まり、情報交換や知恵を出し合う交流の場として、草の根ネットでは「まちづくりをつなぐ会」を開催しています。少しマンネリ化してきたとおっしゃる方もでていますが、新しく自分の地域を考えようという固まりも誕生してきているようです。多くの地域が話し合い、「わがまち……草加」に、互いが存在感を残せたり、互いの地域が連続することにより、効果のあがる事業ができないものかと夢見ている昨今です。

埼玉県で二番目の政令指定都市になるためにも、市民として、一人ひとりがレベルアップする努力をしたいものです。与えられた時間が十分ともいえませんが、楽しみながらの『まちづくり』を多くの方々とする、これも夢、なんと欲の深いことでしょう。

調査研究パーシャルネット

市民活動の拠点の調査・研究

調査研究パーシャルネットは、〇三年度に草加市から（仮称）草加市まちづくりセンター検討事業助成事業（仮称）草加市まちづくりセンター検討の調査研究（第2章一四六ページ参照）を受けることをきっかけに設立されました。

草の根ネット全体や五つのパーシャルネットの活動で、調査研究をする必要性が生じた場合の受け皿的役割をにない、さらには、積極的に会に必要な調査研究を行なうパーシャルネットです。

市民になじみやすい「草加市みんなでまちづくり自治基本条例」の啓発は？

「草加市みんなでまちづくり自治基本条例」が制定されてから丸三年経過したにもかかわらず、市民にあまり知られていない実状を少しでも改善していきたいこと、さらに条例でうたわれているように、議会・行政・市民の三者のパートナーシップで行なうための方策などを検討するために、〇七年度、条例普及方法研究プロジェクトを立ち上げました。

調査研究パーシャルネットとしては、条例と聞くとむずかしいものと思ってしまう市民に、どのような啓発物を開発することがスムーズに条例を理解されやすいか、考えてみることにしました。

プロジェクトのメンバーは、まちづくりセンター検討のときと同じように、各世話人・副世話人に加えて、今回は成年後見制度の普及にのせて普及するので、高齢者・障害者パーシャルネットの担当メンバーが加わりました。

各パーシャルネットの世話人が一堂に会して検討するプロジェクトは、平素パーシャルネットごとに行なわれてしまうため、月一回の運営会議以外には意見交換をしにくい状況のなかで、自治基本条例の普及という一つのテーマに各パーシャルネットの立場で意見反映できる場として貴重な存在です。

かつて、(仮称)パートナーシップ条例からみんなでまちづくり条例に、さらに自治基本条例になっていったなかで、意見反映してきた世話人もいれば、条例そのものもよく知らないメンバーもいることがわかり、市民はもっと知らないでしょうという話がでました。そこで、認知度について毎回事業実施ごとにアンケートをとること、事業でとれる時間に合わせて五分・一〇分・一五分バージョンのパワーポイントを作成し、視覚にうったえる電子紙芝居で普及することになりました。

このパワーポイントの作成は、活動を通じてパソコン技術を習得してきたメンバーのさらなるステップアップにつながっています。

調査研究パーシャルネット世話人の声かけで草の根ネット内部の条例学習会も始まりました。

(担当　谷澤欣子)

—第2章—

草の根ネットの歴史をひもとく

文部省委嘱事業報告会—国際交流パーティー
（1995年12月17日）

1　はじめに草心会ありき――前　史

草加の新しい芽の市民活動

特定非営利活動法人みんなのまち草の根ネットの会は、草心会という組織から生まれました。草心会は、一九八二年一一月二〇日、豊かな地域社会の形成をめざして、政治・経済・社会・文化に関する諸問題を調査研究し、その望ましい発展のために積極的に取り組むという高い理想をかかげて、この草加に新しい芽を出した市民活動団体です。

「草加を知り、草加を愛し、草加をよくする会、その名のとおり草加の心の会」を合い言葉に、当時すでに、草加市総合振興計画基本構想、行財政改革、草加の歴史・文化、国際化などのテーマで学習会を開いていますが、これらは、二十数年経過した今日の主要課題です。

しかも、この学習会は、行政担当者・在住外国人・市民活動家などを講師にまねき、ともに学び合う場をつくり、先進地への視察研修もともに行なってきました。

今日、草加市の協働が市民の主体的な活動、対等性、柔軟な発想（二〇〇四年一〇月一日施行の「草加市みんなでまちづくり自治基本条例第四条の七つの原則」閲覧方法二〇九ページ参照）にもとづいて行なわれている原点はここにあると思われます。

さらに、〇五年九月から「そうか市民大学」が行政サイドで開学されますがすでに二十数年前、草心会は草加市を知るための学習の場を提供してきています。

主な活動

【市民憲章の制定】　草加市には一九六四年一月一日制定された九項目からなる市民憲章が存在していましたが、普及啓発も行なわれず、その存在すらあまり知られていませんでした。

制定から二〇年近くたっていることもあって、時代に即した新しい市民憲章の制定にむけて、草心会は、八四年一月一日「東武よみうり」「とうぶ朝日」に意見広告を出し、この年三月三一日市長・市議会議長に要望書を提出し、八月には新潟県加茂市に先進地視察を行ないました。

取り組み始めてから五年後、八八年一一月一日市制三〇周年を記念して、市民憲章は改定され、現在市民に親しまれている市民憲章が誕生しました。

【草心賞】　草心会創立五周年を記念して、八七年、文化振興援助のための賞として「草心賞」を設立しました。これはふるさと草加の文化をはぐくみ、豊かなまちを創造するために援助するものです。ささやかな活動であっても、その活動が存在することによって地域に文化的なかおりを醸し出している団体などが対象となり、九七年草心会創立一五周年までの一〇年間、一二件の対象に贈られてきましたが、副賞としての一〇万円は、まちづくりへの財源支援のさきがけともなっています。

対象となったのは、柿木郷土芸能保存会、谷塚南町会、児童文学研究会「さわらび」、楽団「青い鳥」、人形劇サークル「ハメハメハ」、草加児童合唱団、画家鈴木喜美子、インフォメーション草加、福祉ボランティアグループ「しばぐり」、ふれあいひろば瀬崎、草加トイライブラリー「おもちゃのいえ」、草加ジュニアオーケストラ、以上の団体や個人で、草の根ネットの誕生とその後の活動に果たされた貢献は大きく、この方々の存在が今日の草の根ネットの土壌となっています。

【草加松原・芭蕉翁像の建立】　八八年、芭蕉「奥の細道」旅立三百年を記念して、草心会は、まちづくりの視点に立って、芭蕉像の建立を、多くの市民とともにつくりあげたいと願い、「芭蕉像をつくる会」を設置し、一口一万円の募金活動を行ない、六百万円の浄財を得て、八九年三月草加松原で麦倉忠彦制作による芭蕉像の除幕式を挙行しました。

【「草加市長選立候補予定者に聞く会」の開催】　立候補予定者が一堂に会して意見を述べる場のない現在、草心会は、第一回九三年七月三〇日（予定者五名）、第二回九七年七月一七日（予定者三名）、第三回〇一年六月一六日（予定者四名）の三回、市長選挙にさきだち、公開の「草加市長選立候補予定者に聞く会」を開催してきました。

＊　＊　＊

草心会は、そのほか、介護・福祉・子ども関連・資源再利用・環境・病院問題など、その時どきの時代要請に応じた課題に果敢に取り組んできました。

これら活動が今日の草の根ネットの活動の基礎に脈みゃくと流れつづけています。

2　文部省委嘱事業を受ける

実行委員会の立ち上げ

それは一九九五年のことです。小野塚通子は、かつて埼玉県教育局で女性の社会参加支援を担当した女性と出会い、文部省の「女性の社会参加支援特別推進事業」にノミネートすることを勧められたことがきっかけでした。

この事業は、「男女共同参画社会の形成を目指して、身近な生活課題や地域課題を解決し、豊かで住みよい社会を実現する上で、女性が社会の各分野においてその能力を積極的に発揮することが重要な課題になっています。そこで、女性の能力を活かして各種の社会参加・参画を促進するための学習・実践モデル的事業を、婦人団体等を中心に推進し、婦人教育の振興に資する」との目的で、九〇年から始まりました。埼玉県では九二年に『新座はんさむウーマン』ネットワーク」、九四年「いきいき家族を目指すネットワーク」（児玉郡市）がこの事業の委嘱をすでに受けていました。

さっそく、小野塚は山川令子に相談しました。当時、二人とも草心会に席を置きながら、国際理解に主眼をおいた活動を広げようとしていました。まず、二人で文部省の説明会に参加し、「外国人と我々日本人が地域の生活者という共通の基盤に立って理解しあう」ために、この事業を受けてみようという気持ちになりました。そこで、二人であれこれ方策を考え、宮本節子（現・草の根ネット会長）に、この件を持ちかけました。

宮本節子は、草加市にあって一九六〇年代から女性問題に取り組み、草心会では発足当時からの会員で第三代代表幹事、男女共生チームリーダーを務めていました。また草加市女性問題協議会の会長でもあり、文部省のこの事業への申請には男女共同参画の視点を入れたほうがよいのではないか、しかもこの活動を定着させるには地域づくりが重要であるとの意見でした。

そこで、男女共生、国際化、地域づくりを三本柱とし、この事業に三人のアドバイザー（鳥谷部志乃恵氏、野元弘幸氏、矢澤澄子氏）を置くという実行委員会を立ち上げ、この事業の窓口である埼玉県教育局生涯学習課に提出しました。ところが、秩父市の女性団体からもこの事業に申し込みがあったとのことでした。

そこで、県生涯学習課の計らいで、草加市と秩父市で合同の「彩の国地域づくり実行委員会」を組織し、草加地域実行委員会は「国際化」を、秩父地域実行委員会は「高齢化」をキーワードとして、住みよい地域づくりを積極的に創っていこうという主旨で申請したところ、委嘱を受けることができました。

様々な団体が参加しての実行委員会

草加地域実行委員会（誰にⓜ住みよいまちづくり）は、宮本節子が会長となり、草心会の男女共生チーム、国際化チーム、コミュニティチームを中心にインフォメーション草加や当時の女性問題協議会にかかわっていた団体、その他の市民団体に参加を呼びかけて組織されました。

実施された事業は、男女共生問題・外国籍住民の実態・町会自治会関係の調査をし、報告書を作成。地域づくりシンポジウムやミニフォーラム（地域・団体との話し合い）の開催、外国人の生活相談に対応するスタッフ研修会、国際交流パーティー、秩父との合同フォーラムなど、多岐にわたりました。

文部省委嘱事業は、二年目（九六年度）さらに東松山市と桶川市の団体が加わり、大所帯となって申請し、委嘱を受けました。この年度は草加地域実行委員会が四市団体全体の窓口となり、申請書のまとめ、最終的な活動報告、それにまつわる会計報告の作成など、すべてを草加の事務局が担いました。

この事業の成功を踏まえて、さらに市民、団体とのネットワークを広げ、委嘱事業終了後の事業の継続、発展を図るために「みんなのまち・草の根ネットの会」が九六年三月誕生しました。

草の根からの女性・市民の参画とエンパワーメントにむけて
——文部省委嘱事業アドバイザーの立場から

矢澤澄子●東京女子大学教授

地域からの多彩な事業の展開

一九九〇年に文部省の「女性の社会参加支援特別推進事業」がスタートして五年目の九五年度に、草加地域実行委員会が委嘱された「彩の国誰にも住みよい町づくり」事業は、草加の市民男女が、男女共同参画社会の形成にむけて、草の根からの「エンパワーメント」(個人とグループが協力して能力を発揮し、社会に貢献すること)をめざして、さまざまな成果をあげる「画期的な事業」となった。事業で発揮された市民の力はその後今日まで、地域の中で脈々と引き継がれている。この事業にアドバイザーとして関わった立場から、市民参画のまちづくりの原点ともなったその事業の意義について振り返り、活動の理念(基本的考え方)と実践の主な中身を確認しておこう。

まず一つ目の意義として、一年限定の「モデル的事業」であったが、意欲的な実行委員会の下で六種類もの多彩な事業が行なわれた点がある。そして、これらが有機的・時系列的に組み合わされることで画期的な効果がえられた。六つの事業群とは、①地域住民の実態調査、②ネットワーク会議、③シンポジウム、④地域懇談会(ミニフォーラム)、⑤実践活動(外国人相談スタッフ研修会)、⑥報告会、交流会である。それらの相乗効果は、事業の進行につれて徐々に地域に浸透し、旧来からの地縁関係や地域団体(自治会、婦人団体など)の活動にも刺激を与え、新旧住民間に新たな市民ネットワークが育っていった。このような事業(活動)手法は、その後の市民主体の地域づくりにも繰り返し用いられ、有効なまちづくりの手法として草加の町に定着していったのである。

まちづくり文化の「根」の確認

二つ目に、地域で精力的なネットワークづくりが広くなされる過程で、これに関わった多様な市民男女のアクション（例、アクション・リサーチ）が身近な市民間の信頼関係を培い、日頃意識されなかった地域での顔のみえる「人と人のつながり」（外国人、高齢者など）が相互に意識されるようになった。こうして、環境、福祉、防災、人権など幅広い地域の課題がみえるようになった意義は大きい。そして、「外国人にも住みよい町づくり」という二一世紀を先取りした事業テーマについては、外国人も、女性も男性も、高齢者も若者も子どもも、地域の生活者として「誰も」が暮らしやすい「当たり前」のまちをつくることが重要だという点が、市民の間で徐々に理解されていった。それは、草加の新しいまちづくり文化の「根」が確認され、共有される過程（「草の根ネット」創生の過程）であった。地方分権、地域自治の「花」は、多彩な個性をもつ市民が協力して身近なネットワークの糸を紡ぐことからこそ開花する。そのことが、了解され始めたのである。

女性たちのしなやかなリーダーシップの発揮

この事業の三つ目の意義としてあげたいのは、事業の各局面でしなやかに発揮された「ネットワーカー」の女性たちの草の根リーダーシップの素晴らしさである。これからのまちづくりを先導する「ネットワーカー」の役割については、次の点が重要である。

①ネットワーカーは、住民と住民、行政と住民、あるいは多様な市民活動の「調整役」（コーディネーター）である。

②ネットワーカーは、地域の課題（問題）をはっきりさせ、問題解決にむけて障害を取り除くために行動する「改革者」（イノベーター）である。

③ネットワーカーは、多世代の男女を地域づくりに巻き込んでいくために、地域自治と身近な民主主義の文化を育てる「触媒役」（インキュベーター）でもある。

「草の根ネット」に集まった「ネットワーカー」の女性たちは、男女共生から国際化、少子高齢化に対応したまちづくりまで、市民が共有できる同時代のテーマに真正面から取り組み、異質な他者同士（外国人と日本人、高齢者とヤング世代など）の協働を支えるサポーターとして、右記①②③の役割を柔軟に分担しながら、活動を広げてきた。

男女平等と福祉政策の先進国デンマークには、以前から「近いデモクラシー」という言葉がある。市民たちはそれを地域で実践してきた。とりわけ地域で福祉と自治を担ってきたのは、女性パワーである。草加のまちづくりでも同様に、「近いデモクラシー」は、地域で環境、福祉、子育てなどの問題に地道に取り組んできた「女性パワー」によって、育まれてきたといえる。

地域からの「静かな革命」の持続的な発展

「ネットワーカー」たちの活動は、委嘱事業の終了後も行政など各方面から高い評価を得てきた。そして、市民の企画・提案による行政との「パートナーシップ事業」の展開、まちづくり市民会議の設立等へと活動の輪を広げてきた。今後は、実力を蓄えてきた女性たちが、まだまだ男性優位の組織運営が主流の公的な活動の場でさらなる力を発揮できるように、事業で培った情報発信のノウハウを活用する必要がある。全国的にみても多くの地域で、一九九五年の北京女性会議ＮＧＯフォーラムやその後のヌエック女性学・ジェンダー研究フォーラムへの参加・参画・交流をバネに、多彩な女性パワーが全開し、さまざまな課題の解決に取り組んでいる。

草加で委嘱事業を一つの契機に発揮された女性たちの柔軟な企画力やリーダーシップは、一定の条件さえ整えば、どの分野でも女性パワーが発揮されうることを証明した。もちろん、生活経験や地域活動／職業キャリアの異なる市民男女のネットワーキングには、感情的対立や行き違いもさけられない。だが、それらも、活動をとおして身につく自己表現力や他者への配慮、自己革新やコミュニケーション能力の向上によって、克服できるものであろう。

参加から参画へ、女性たちと市民を主体とした社会活動の進展が、これからの男女平等社会を先導する大きな川の流れとなるように、地域の「草の根」から発した「静かな革命」の持続的発展を期待している。事業と活動のなかで一人ひとりの「ネットワーカー」が手に入れた「ネットワーキング」という地域の財産は、確かな社会関係資本として次世代に受け渡していく必要がある。地域からの「ネットワーキング」が広がるそのような男女共同参画社会にこそ、二一世紀の平和で平等な地球市民社会の未来を託したい。

「誰にも住みよい町づくり」に関わりをもって

渡辺文夫●上智大学教授

草の根ネットにご招待を受け、私の専門の異文化間心理学や異文化教育のお話を草加市でさせていただくようになったのは、今から一〇年以上前のことです。それまでは、企業やJICA（国際協力事業団）から海外へ派遣される人たちを対象にお話をすることがほとんどでしたので、草の根ネットでお話させていただいたのは、私にとって新しい経験でした。どのようなことが私にとって新鮮だったのか、述べたいと思います。

まず、会の中枢にいらっしゃる方々が、「地域の『国際化』という考え方はもう古い。誰にも住みよい地域づくりが結局は、地域に住む外国人にとっても住みやすい地域づくりになるし、外国人にとって住みやすい地域づくりは、日本人住民にとっても住みやすい地域づくりになる」という考え方をはっきりともっていることでした。当時全国どこでも「国際化」という言葉を使いさまざまな取り組みが行なわれていたことを考えると、このような考え方は、地域づくりの新しい理念になる、としみじみ感じました。

次に新しいこととして感じたのは、いろいろな生活領域において、ネットワークをつくり、それらを上下関係ではなく、対等な立場でネットワーカーの人たちを中核として、組織作りをしていることでした。住民の参加意識を高め、主体的に活動を高めるためには、このような組織作りが、大切になると考えます。

さらに、ネットワーカー同士、ネットワーカーと一般市民をつなぐ情報網（「ネットワーク通信」や「インフォメーション

「彩の国地域づくりシンポジウム　みんなで考えてみよう　誰にも住みよいまちづくり」の基調講演・渡辺文夫氏（1995年10月14日）

草加」など）での情報がきめ細かいことが皆さんを力強く結びつけていることも感じました。

これらの皆さんの取り組みを見て、見えてきたのは、戦後の高度成長期のなかで取り残された人間・社会の問題、新たに噴出してきたさまざまな問題の解決に向けて、草の根ネット全体が取り組んでいることでした。

全国各地で、いろいろな地域づくりがありますが、草の根ネットのような問題意識をもった総合的問題解決集団がある地域はあまりないのではないか、と思っています。

〈かかわった人の思い〉

草の根ネットは竹のイメージ

谷澤欣子●調査研究パーシャルネット世話人

光る地面に竹が生え、
青竹が生え、
地下には竹の根が生え、
（略）
根の先より繊毛が生え、
かすかにけぶる繊毛が生え、
かすかにふるえ。

かたき地面に竹が生え、
地上にするどく竹が生え、
まっしぐらに竹が生え、
凍れる節節りんりんと、
青空のもとに竹が生え、
竹、竹、竹が生え。

草の根ネットというと私はこの「竹」という詩を思い出します。作者は、近代詩を確立した象徴詩派の詩人、萩原朔太郎です。

この詩は、じつによく、竹のもつ特性を、内面、外面からとらえていますし、竹の繊細な根のひろがりと、「ますぐなる竹、するどき青き竹」が地面に生えている、私の心には青空に光る群竹のイメージが広がってきます。

この詩の図式を考えてみると、草の根ネットの成長関係図とたいへんよく似ていることを思いました。そんなわけで、朔太郎の「竹」の詩を掲げてみたのです。

＊　＊　＊

さて、私は、草の根ネットの発端からの活動に加わっているひとりです。現在私は、調査研究パーシャルネットの世話人をしています。草の根ネットには六つの活動母体がありますが、そのどれに属して活動してもよいという選択権も与えられていますので、私は、男女共生パーシャルネット、高齢者・障害者パーシャルネットの活動にも参加しています。

調査研究活動についてみると①「草加あいあいマップ」の高齢者施設の聞き取り調査とまとめ。②男女共生パーシャルネットの意識調査パートⅠとⅡのまとめと報告書の作成に協力。③市民活動センター設置についてＮＰＯ法人を含む市民団体対象の意識調査（アンケートと記述を含む）の集計と報告書の作成に協力してきました。

私の心の底には、「草心会」における活動の流れがあります。この草心会は、今から二十数年前に芽生えた市民団体で、行政とのパートナーシップによる活動の創始団体でもあります。

草の根ネットは、草心会の申し子的な存在といっても過言ではありません。草の根ネットは、設立一〇周年が過ぎました。この一〇年間の活動の基盤となっている、いわば地下茎ともいうべきものが、草心会の活動であったのだと。

それゆえ、私は「はじめに草心会ありき」の思いをずっと抱きつづけてきました。

特定非営利活動法人みんなのまち草の根ネットの会は、その草心会の活動からバトンタッチされた宝物を大切にはぐくみ育て、地下においては、竹の根が広がり育ち、地面においては竹が真っすぐに空に向かって伸び、するどい緑の葉には、太陽が光輝く。こういう会を夢みています。

草の根ネットの活動が、常に、時代のニーズを的確に判断し、さらに魅力あるものとして発展し続けることを願いつつ、企画委員のひとりとして、目を輝かせて活動に参加したいと思っています。

〈かかわった人の思い〉

エンパワーメントのゆくえ

小野塚通子●理事（会計）

きっかけからの関わり

二〇〇二年八月二四日、ヌエックで開催された「女性学・ジェンダーフォーラム」に「みんなのまち・草の根ネットの会」が参加しました。当日ワークショップの記録係として会場に入ろうとしたとき、会長から、この会が「特定非営利活動法人」として認可されたとの報告を受けました。会員それぞれがもつ力を結集し、ここまでこぎつけたことは、きっかけから関わった一人として感慨無量でした。

翌日、まずこのことを鈴木あい子氏に報告したところ、大変よろこんでくれました。鈴木氏は私の当時の勤務先（財団法人埼玉県県民活動総合センター）の上司（生涯学習課長一九九四〜九六）でした。氏は以前、埼玉県教育局で「文部省女性の社会参加支援特別推進事業」を担当した経緯があり、女性の社会参加の状況について気を配っていました。私が地元でささやかに活動していることを、通勤時、電車のなかなどでおりに触れ話していたので、あるとき、この事業「文部省の女性の社会参加支援特別推進事業」にノミネートしてみたらどうかと勧めてくれたのです。

事務局を担当して

そして、一二一ページに記載してあるとおり、九五年に秩父市と合同で委嘱を受け、二年目は、さらに東松山市と桶川市の団体が加わり、大所帯となって、委嘱を受けました。

二年目には、草加実行委員会が四市団体全体の窓口となったため、申請書の作成、最終的な活動報告、それにまつわる会計報告の作成も私たちの事務局が担当しました。

とりわけ、報告書の作成には苦労しました。同じ埼玉県内といえども、四地域が離れた位置にあり、それぞれ異なった環境のなかでの活動であるから、纏めようとしても予定どおりに進みません。そのうえ、パソコンの時代ではなく、ワープロのみがたよりでした。報告書をどうにかまとめてフロッピーに入れ、提出締切日三日前に県教育局生涯学習課に持参し、そこでワープロを拝借して、アドバイスを受けながら仕上げたつもりで置いてきましたが、たぶん手直しがあり、担当の方にはご迷惑もおかけしたことと思います。

とくに苦労したのは会計報告です。企画書に書き入れた予算どおりに支払いが生ずるとは限りません。貴重な税金から使わせていただくわけですから当然ですが、その手続き・報告はとても煩雑といっては申し訳ないですが、素人にとっては簡単ではありません。仕事を通し、多少の経験がある私にとっても、報告書の提出期日が迫ってくると、宮本さん・山川さんと三人で朝方まで作業し、どうにか仕上げたことを思い出し、あのころは元気だったと改めて感心しています。

あるときは職場から帰宅すると、我が家の電話機のまえに、何メートルものファクス用紙が波打っていました。それを見て、へたっと座りこみたい心境になったこともあります。

四市それぞれの団体をまとめている人たちは、寸暇を惜しんで活動していますから、生活のパターンも当然違います。他市のあるグループでは慣れない会計報告などで苦戦のうえ、仲間同士でトラブルが発生してしまい、朝方の二時三時まで電話がかかってくることもあり、枕元に受話器をおいて休んでいました。職場にも突然相談に来ることもありました。私は仕事としてではなく、プライベートの時間でやっている事業であると理解してもらう努力はしたつもりでしたが、公的な仕事をしていると、仕事中でも協力するのは当然と解釈する人もいます。社会のために一生懸命に何かをしているという気負いから、いい意味で積極的であろうし、そうでもしなければ女性の活動が認知されない時代が長かったから、その産物かもしれませんが、ルールを学ぶことも女性にとって大切なことと痛感したこともあります。

もちろん、このように合同で委嘱を受けるという機会があったからこそ、成し遂げたときには喜びを共有できましたし、楽しい交流も生まれたわけです。

パワーは今

ちなみにこの女性の社会参加支援特別推進事業は、一九九八年度まで九年間継続され、全国でのべ二一〇の団体が委嘱を受けました。そのまとめである九九年三月文部省生涯学習局男女共同参画学習課発行の『風を起こす女性たち』のページを開いたとき、活動の幅の広さ、そして、それぞれの課題の重さが心に残り、この報告書から継続をしなければという声が聞こえてくるような気さえしました。

この「実行委員会制度」は、それまで培ってきた地道な活動や学習が、社会という公の場に活かせるという体験ができ、そして成し遂げた快感が女性のエンパワーメントに大いに役立ったと思います。

この事業に関わった全国のメンバーは、そのパワーをその後の活動にどう活かし、どんな思いで今を生きているのでしょうか。ぜひ知りたいと思います。


〈かかわった人の思い〉

政治の世界に羽ばたくことに挑戦できた私

（故）山川令子●事務局長（第一代）


一九九五年、小野塚氏から文部省委嘱の話があった当時、私は「インフォメーション草加」を立ち上げ、仲間と外国籍市民のために情報紙を発行（月一回）しており、草加の国際化については極めて関心が深かったが、「男女共同参画社会」、「ウーマンリブ」などという言葉で提起される女性の問題（男性の問題でもある！）についてはあまり関心がなかった。

子どもの頃、父にお弁当をつくってもらい、父から料理を習ったし、お客を招待したとき（昔は、自宅で客をもてなすことが珍しいことではなかった）、もてなし料理を作るのはいつも父、その間に母は美容院に髪結いに行っていた状況だった。政治について、子どもの私からよく議論を吹っかけたりしたが、「女の癖に黙っていろ」とは一度も言われず育った。学校も男女共学で教育され、大人になって、結婚生活も学生結婚で始まり、問題を感じることなく過ごしてきた。男女は平等が当たり前だったし、その点で私の周りでは、何ら問題を感じたことはなかったからである。

しかし、文部省委嘱の事業名は、「女性の社会参加支援特別推進事業」である。この事業の委嘱を受けるためには、女性の問題に詳しい、そしてその問題に深い熱意をもっているリーダーが必要だと二人で相談し、小野塚氏と私が所属していた「草心会」の宮本氏（当時、草加市女性問題協議会会長）に話をし、また同じく草心会の会員で、地域問題に詳しい故矢島氏にも加わってもらって、次の年誕生した草の根ネットに繋がっていく事業が展開された。

このときから、個人的な狭い視点ではなく、より広い視野で、男女共生を含め、「誰にも住みよいまちづくりを進める」草の根ネットの目的の遂行に、真剣に取り組むようになった。事務局長という立場で、この目標達成に向かってキーパーソンを掘り起こしながら、ネットワーキングしていくことに夢中になって働いた。

＊　＊　＊

ところで、この文部省事業については、「男女共同参画社会」を基本として、一年目に秩父の女性団体とネットを組み、二年目は秩父に加えて、東松山、桶川の女性団体とネットを組んで事業を展開していったが、この委嘱事業は全国的事業なので、全国の団体が一堂に会し、事業委嘱前の説明会や事業終了後の総括講評会がそのつど開かれ、私たちも当然出席した。

そのとき、指導者の方々からいろいろお話を聞いたが、そのなかで、現在市川房枝記念館の館長をしておられる山口みつ子氏が、毎度繰り返し言われる「日本は政策決定の場に女性が少ない」という言葉が、さらに私を奮起させた。それまでのささやかな市民運動のなかで、行政の壁、政治の壁、そして政治家がこれでいいのだろうかという疑問を感じてはいた。ある市議会議員に請願のことで話をしにいったとき、「私たちは専門家としてそのことに取り組んでいるので、あなたたち市民は引っ込んでいてください」というようなことを言われ憤慨したことや、先生と呼ばれなかったことに腹を立てている議員がいることに違和感を感じたことなども思い出された。

普通の市民が、普通の市民の感覚で、市民の代理人として政治に関わっていくことが、どんなに大事であるか、そのために女性の視点、女性議員の役割は極めて大事だということ、また社会的に見れば女性はまだまだ差別されている、また身の周りにも「女性は大和なでしこでいてほしい」と思っている男性がいかに多いかということにも思いが至った。そして山口氏の話が機会あるごとに私を政治の世界に押しやっていった。初めての経験ながら、その時期に草加市で行われた市長選挙、市議会議員選挙にも積極的に関わることで、「今こそ、私のような普通の市民が政治に関わらねば、政治がだめになる」というドライブ（衝動）が抑え切れなくなり、とうとう埼玉県議会議員選挙に挑戦するまでになってしまった。

草の根ネットの立ち上げから、その任にあった事務局長という立場では選挙はできないということで、九八年辞任した。

翌年四月に選挙。結果は落選だった。しかしこの運動のなかで、新しい出会いや真の友人を得ることができ、力尽きることなく「初心貫徹」ということで、四年後に再度挑戦することを決心し、そのために活動していた。

＊　＊　＊

ところが、四年目の秋、いよいよこれから「エンジン全開」という投票日の五か月前に、体の異変に気がつき、検査をした。結果は乳癌であることが判明したのである。宣告されたとき、最初に脳裏に浮かんだのは、「これで私の政治への道は絶たれてしまうのか」ということであった。「何とかならないか」の思い。しかし「かなり進行していて手術はできない状態」と聞かされ、万事窮す。無念でならなかったが、これが天の配剤だと思い至り、受け入れた。

そしてその時期、インドネシアでのＮＧＯの仕事が終了し、日本に帰国、次の仕事まで自由な立場にあった私の次女（三十二歳）に、周りから強い要請があり、結果的に、私の意志を受け継いでくれることになった。まったく政治には関心がなく、ＮＧＯの仕事に情熱を傾けていたなかで、全面的な方向転換を強いられ、しかも母親の生死に関わることに関係させられて、彼女が決心にいたるまでの苦悩はいかばかりであったであろうか、さんざん悩んだ末に決心してくれた。仲間たちの必死の運動、また多くの市民の支援により当選し、現在埼玉県議会議員として頑張っている。

政治の後継者ができたことが病気にも良い影響があったのであろう。幸い私は現在抗癌剤による治療をしながら日常生活を普通に送っている。県議会他での議員としての娘の活躍に、「若い者に譲ったことは正解だった」と思いながら、一方で「ベテラン」揃いのなかで、若い新人はいろいろ大変だと同情することも多い。乗り越えてほしいと祈っている。

＊　＊　＊

私自身は政治の世界を離れ、一市民として地域のまちづくりに取り組んでいるが、ますます「私たちの暮らしのためには政治が極めて大事である」ことを実感している。普通の市民がもっともっと政治に関心をもち、政治の場に出て行かなければならないと思うが、現実としては、ほとんどの人が政治を敬遠してしまう。なぜだろう。テレビを通してマスコミに翻弄されている国民。自分たちで選んだ政治家たちによって、医療制度、年金問題など自分たちの首まで絞められそうになっているのに、政治家の軽い言葉に群がる「自ら深く考えない市民」たち。そのような市民・国民の代表となる政治家は、勝ち組・負け組の論理で物事を解決するのではなく、たとえ小さな声でも、耳を傾け、リーダーとして真に市民・国民のために働いてほしい。女性もどんどん政治の場に出ることに挑戦してほしい。がそれが難しい。

出前ミニフォーラム(0・1・2歳児をもつ親との懇談、1996年7月11日)での山川令子さん（左）

政治家になることを辞めた私に、草の根ネットからお呼びがかかり、現在事務局員の末席を汚しており、一度羽ばたこうとした者がまた戻ってきたわけだが、以前と同じ情熱を傾けることはすでにできなくなっているし、その必要もないだろう。草の根ネットでの後継者・働き人はたくさんいるし、立派な事業を展開しているのだから。

今後は、私のなかに、かつての山口氏に突き動かされたあの政治へのドライブ（衝動）が残っている限り、市民が未来に夢を抱ける政治、政治家自身が夢を語れる政治を目指して、市民のなかで政治をもっと身近にしていくこと、女性、若者の政治家をもっともっと増やしていくそのような活動をすることが、私の最終的課題なのではないかと考えるのである。

3　動き始めた草の根ネット

全体フォーラム・ネットワーク会議・ミニフォーラムの開催

一九九五年度の文部省委嘱事業を契機に、誰にも住みよいまちづくりとはどんなものか調査・研究してきましたが、会の目的達成のために、その活動を継承し、行政と市民、市民と市民をつなげていく調整役としてのネットワーカーを全市的に拡大していくことを目指して、九六年四月から事業を行ないました。

文部省委嘱事業の推進メンバーが中心となって企画し、実行していきました。草加という地域に特徴的で、当時の今日的問題であったゴミ・防災・子育て・国際化・男女共生などをテーマに、全体フォーラム・ネットワーク会議を会全体で取り組むとともに、市のなかでも地域的な問題や個別の問題に対して、そこに出向いていって話し合いを行なうという方法で、地域づくり・子育て・国際交流・男女共生などのミニフォーラムを行ないました。

地域や団体への出前ミニフォーラム

○・一・二歳児をもつ子育て真っ最中のお母さんたちのあつまりへの出前ミニフォーラムでは、グループ別の話し合いの輪に入り、子育ての悩みなどについて聞いたところ、「遊び場がない・遊び仲間がいない・情報がない」などの声が聞かれました。

こうした声は、公園調査や遊び場づくり、「情報紙ＳＫＩＰ」の発行へとつながっていきました。

女性関連団体へ出向いての男女共生のミニフォーラムでは「女子差別撤廃条約―共に学び、共に働き、共に生きる―」のビデオをみ、市の担当者から「草加市女性行動計画」について説明を受けたあと、意見交換を行ないました。

そこでは、「女性差別はまだまだあるのではないか。女性の意識のなかに都合のよいときだけ平等を主張し、その他のときには男性の翼のなかにかくれてぬくぬくしている状況があるのではないか。子どものときから教育が大事である」、など時間がたりないほどけんけんがくがく意見交換がされました。

国際交流についての出前ミニフォーラムでは、私たちの活動を題材に作成された東映の「私たちの国際交流」のビデオをもって「観る会」を開催しました。

国際交流ミニフォーラム

「世界を食べて、世界を知ろう」と、餃子を作って食べておしゃべりの会を開催しました。

餃子は中国の方から教えてもらい、獨協大学の国際親善倶楽部のメンバー五〇人以上が参加し、大いに盛り上がりました。食事のあと、市役所のゴミ対策課の方から、ゴミの出し方など説明を受け、一人暮らしの学生への地域での暮らし方の啓発を行ないました。

「ところ変われば、品変わる、こんなに違う結婚式」と題して、パラグアイ・中国・フィリピン・イラン・パキスタン・ガーナの方々から話を聞きましたが、なかには衣装を持ち込んで説明するほどの熱の入れようでした。

これらの一年間の活動をとおしてみえてきたことは、各テーマを引き続き追求していく必要があること、そのためには、各テーマごとにとくに関心のある人たちが集まって、それぞれに調査・研究し、草の根ネット全体のこととして問題提起していく体制をつくることの必要性でした。

こうした流れのなかで、次年度の九七年度からパーシャルネットが設立され、活動の大きな役割をになっていくことになります。

4 多岐にわたる主な全体事業

人権教育・啓発フォーラム

一九九五年から国連の「人権教育のための国連一〇年」がはじまりました。これを受けて日本では九七年「人権教育のための国連一〇年」に関する国内行動計画が発表され、草加市においてもその一環として「人権教育推進市町村事業」に取り組みたいというお話をいただき、草の根ネットが市民側の受け皿となり、教育委員会とともに主催した「人権教育フォーラム」を行なうことになり、重要課題である女性・子ども・高齢者・障害者・同和問題・外国人などのテーマが入るように企画し、立ち上がったばかりのパーシャルネットの分野とも重なっていましたので、各パーシャルが担当し、それぞれ活動におおいに活かされたフォーラムとなりました。
その後、このフォーラムは毎年開催され、二〇〇〇年一二月「人権教育および人権啓発の推進に関する法律」が制定され、人権教育を文部科学省、人権啓発を法務省が所掌することになったのを機に、草加市教育委員会・越谷人権啓発活動地域ネットワーク協議会と草の根ネットの四者の主催として「人権教育・啓発フォーラム」として開催し、今日にいたっています。(報告書各年度発行、二一五ページ参照)
〇四年に国連一〇年が終了した後も、テーマを決めて取り組みをつづけています。

市民がつくりあげた市制施行四〇周年記念事業

地域の課題解決の出発点となるように

協働で事業をすすめてきた草の根ネットは、一九九八年が市制施行後四〇周年にあたることから、九七年一〇月ごろから記念事業の行ない方について相談を受けていました。

草の根ネットでは、誰にも住みよいまちづくりを目的として活動しており、市制施行四〇周年の節目に、行政がそのことを考え、実践にまで踏み出してくれたらどんなによいことか、これこそ行政と市民とのパートナーシップと言えるのではないかとの思いで積極的にかかわっていきました。最初の話し合いで、たんなる記念イベントを一度だけ打ちあげるのではなく、地域の課題解決にむけて取り組みの出発点になるような事業をやってほしいと要望し、宮本節子会長・矢島久夫副会長・鳥谷部志乃恵企画委員・山川令子事務局長の四人が記念事業のアドバイザーとなり、四月にシンポジウム実行委員を公募し、実行委員会方式で行なうことになりました。

それにさきだち、草の根ネットでは、九八年二月から三月にかけて草加市全域を七地区に分け、地域でのネットワーク会議を開催し、実行委員応募への下地づくりを行ないました。

新年度の九八年度になり、市は公募委員を募集しました。小学生から高齢者まで一四七名が集まり、一一月一五日に行なう「パートナーシップによるまちづくりシンポジウム」に向け、市民が企画・運営する市制施行記念事業シンポジウム実行委員会が立ちあがりました。

公募委員は小学生から高齢者まで一四七名

それぞれの地区では、ミニシンポジウムに向けてその地区の実行委員が何回も集まり、どんなテーマでどんな方法で開催するか白紙の状態から話し合いました。

南東部地区では、「みんなでつくるやさしいまち」と題して、コミュニティ活動者、福祉活動者の発表を聞き、その後、コミュニティ・高齢者福祉・障害者福祉・生涯学習の四グループに分かれて話し合いました。そこでは、コミュニティについて、顔と顔の見えるコミュニケーションが必要で、住民のふれあいができる場がほしい、高齢者福祉について、家族介護がむずかしい現在、地域でどのように支え合っていくのか、在宅福祉に向けての国の取り組みを学習する必要がある、障害者福祉について、点字ブロックの上に自転車が置いてあり役目を果たしていないなどの現状がある、生涯学習について、まちづくりに還元される学びとは何か考えたい、などなど、たくさんの意見が続出しました。

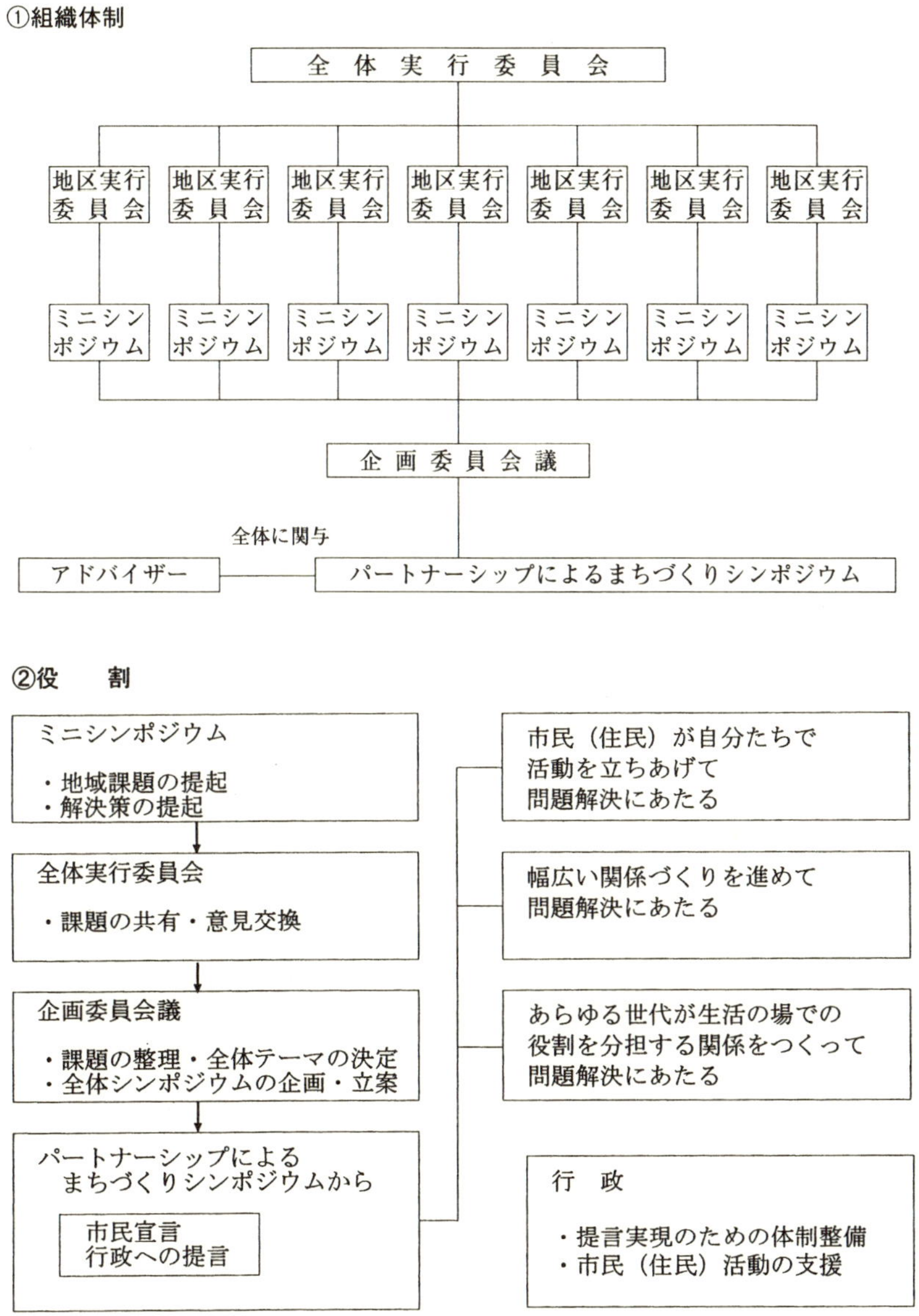

図１　パートナーシップによるまちづくりシンポジウムに向けての組織体制と役割（『市制施行40周年記念事業　パートナーシップによるまちづくりシンポジウム』1998年12月、草加市発行）

豊かな出会いと経験、そして新たな課題が

七地区でのミニシンポジウムを経て、全体シンポジウム「二一世紀に向けての新しいコミュニティづくり」が行なわれ、市とシンポジウム実行委員会は、「これらの課題を解決するためには『二一世紀に向けた新しいコミュニティづくり』が不可欠であることを共通の認識とした。市民と行政のパートナーシップによるまちづくりを更に発展させるための市民と行政とからなる推進組織を設置し、その課題解決の仕組みづくりに取り組むことを今回の事業の成果としてお互いに確認する」との確認が行なわれました。

この一連の事業で、アドバイザーは打ち合わせなど合わせておよそ一〇〇回にも及ぶ会合に走り回った多忙な一年間でしたが、今後への実りを期待して、豊かな出会いと経験を味わいました。地域に眠っている人材の交流の場や活かしていく仕組みのないことを実感した事業でもありました。

草の根ネットの各パーシャルでは、各地区の会合に出席し、そこで出された市民意見をパーシャルの問題として持ち帰りました。

ミニシンポジウムから聞きとられた市民の課題は次のようなものです。

【男女共生】 町会・自治会への女性の参加（役員への就任）、男の料理教室（生涯学習の一環）、高齢者介護は女性の役割か

【地域づくり】 住民の参加の場づくり（ハード・ソフトの両面）、学校の利用方法（余裕教室、その他）、町会・自治会の規約運営方法のモデルづくり、住民の町会・自治会への協力、コミュニティセンターの活用

【子育て支援】 子育て中の若い母親への援助、共同学童保育

【地域の子育て】 学校・ＰＴＡと地域との交流、子どもが遊べる公園を、そうか公園（隣接地）にキャンプ場を

【国際化】　外国人の子どもの就学への対応、外国人への情報の伝達
【高齢者・障害者】　高齢者・障害者への地域住民の支援体制づくり、生涯学習をボランティア活動に結びつける、障害者の社会参加（バリアフリー、その他）

この四〇周年記念事業で出された課題を、各パーシャルが活動テーマとして追い続けたその後は、各パーシャルネットごとの項で述べられているとおりです。

お散歩情報誌『草加あいあいマップ』の発行事業

日本財団の助成金を受けて、〇一年三月に介護関連施設情報・草加市内公園情報・草加市内お散歩情報『草加あいあいマップ』を発行しました。

日本財団へ助成金申請

子育て支援パーシャルネットの活動からのひとつの課題解決事業の子育て情報紙「ＳＫＩＰ」のなかに、毎号掲載されていたお散歩マップは、子育て中のメンバーのひとりが足で集めた情報を手書きのかわいいマップにしあげたもので、子どもや子どもを育てている人の求める情報が載せられ、その情報は、バッタがいるよ、春にはおたまじゃくしが見られるよという、見る人の気持ちをなごませるものでした。かねてからこ

のマップを一冊にまとめて発行したいという子育て支援パーシャルネットの山川令子世話人の思いがあり、草の根ネットでは発行のチャンスをはかっていたところ、二〇〇〇年一二月、財団法人日本財団の助成金を得て、発行しようということになりました。

助成金申請にさきだち、関係すると思われる当時の草の根ネットのメンバーが数回あつまり、発行したいマップの概要・編集について話し合いました。その結果、草加市内で増え続ける新しい市民たちに、草加市内の情報を共有することによって新しいコミュニティづくりにマップを役立てようということになりました。

子育て支援パーシャルネットの子育て情報紙SKIPの「お散歩マップ」の情報だけでなく、子育てパーシャルネットでは二〇〇〇年から草加市内の公園調査を始めていましたので、公園の情報も入れよう、また介護保険制度が導入された時期で、高齢者・障害者パーシャルネットでは介護保険を学びはじめ、草加市や近隣の情報をまとめたいという思いがあって、その知識や思いをもった市民の目で介護関連施設の情報も入れよう、ということになったのです。

現地を歩いて作った地図原稿

日本財団の助成が一〇〇万円受けられることが決定し、〇一年四月から〇二年三月にさっそくマップづくりの活動を始めました。スケジュールづくりや役割分担など最初に話し合い、マップの概要を決めていきました。

申請時には一枚の大きなマップを三種類つくることにしていましたが、実際に屋外で手に持って見るのには大きなマップは扱いにくいことに気がつき、A４判の冊子仕立てに変更しました。

お散歩マップは、「SKIP」創刊の九七年の掲載から四年が過ぎていることから、内容の確認が行なわれました。空き地がマンションになり、バッタやおたまじゃくしを見ることができなくなったところなどもありました。公園調査はすでに終わっていて、報告書づくりと並行してまとめ作業が行なわれました。介護関連施設の調査はこのマップ発行が決定してから実施し、まとめ作業も行ないましたので作業量は多くなりました。

このマップの名称は、編集に関わったメンバーで、安心・愛・I（アイ）・歩く・憩い・いきいきなどキーワードの頭文字『あ』『い』を組み合わせ、『草加あいあいマップ』と決めました。

発行三〇〇〇部

表紙と、八地区に分けたマップの原稿作り、お散歩マップをそのままの温かさが保てるよう修正したのは、パソコン操作に長けた百瀬皓さん、公園調査表は、子育てパーシャルネット担当、介護関連施設の調査票・一覧表作りは高齢者・障害者パーシャルネットの担当で作りあげ、それを事務局や編集担当メンバーで全体調整し、『草加あいあいマップ』はできあがりました。

「みんなのまち・草の根ネットの会」の名称のとおり、多くのメンバーがみんなでとりくみマップを編集発行しました。

マップ発行後、発行目的である〃草加市内のひとりでも多くの人にあいあいマップを手に持ってもらう〃ために、〇二年二月二七日出版報告会を開催しました。実際にマップを持って歩いてみての報告会にしようと、一月に「おためしツアー」をメンバーが行ない、当日その様子をビデオ録画して、放映しました。車椅子のメンバーも参加し、バリアフリーの状況や公園の障害者用トイレの実況見分もできました。おためし散歩の途中には、介護関連施設もあり、その場所も確認しました。

草加市行政が定例的に行なう記者会見の場で発行発表をし、『草加あいあいマップ』は、『朝日新聞』『読売新聞』『毎日新聞』などの記事に扱われました。その成果か、草加市情報コーナーなど六か所で販売取次のお願いができ、そこで市民自身が自ら購入したり、草の根ネットのメンバーのネットワークを通じて団体でまとまった部数を購入したりと、『あいあいマップ』は、多くの市民の手に渡り活用されました。

草加あいあいマップは、〇一年の情報を掲載した情報マップです。時が経過すれば、情報は変化します。何年か後に改訂版をつくろうと調査編集に関わったメンバーの夢は広がった『草加あいあいマップ』の発刊事業でした。

（仮称）草加市まちづくりセンター検討事業の調査研究

（仮称）草加市まちづくりセンター検討事業助成事業（仮称）草加市まちづくりセンター検討の調査研究は、二〇〇二年に草加市から打診があり、〇三年度に補助金を受けて調査を実施することになりました。草の根ネットは、市民活動検討プロジェクトを立ち上げ、〇二年一二月から準備を始めました。

準備段階として、前年度に横浜市や世田谷区の四施設を視察し、検討事業の検討内容やそのスケジュールづくりを行ない、〇三年四月に事業をスタートし、以下のことを行ないました。

（仮称）草加市まちづくりセンター検討委員会

委員を公募し、五名の公募委員を得て、一二名の検討委員会を設置し、〇三年五月から三か月間、**表1**のように一〇回の会議と一回の事例視察調査を行なって検討をしました。

表1　（仮称）草加市まちづくりセンター検討委員会の検討テーマ

	検討テーマ
第１回	施設についてフリートーキング
第２回	施設の内容について
第３回	組織について
第４回	運営について
第５回	職員構成について
第６回	機能について
第７回	その他施設に必要なこと
見学研修（事例視察調査）	川口ボランティアサポートステーション
	足立区ＮＰＯ活動支援センター
第８～10回	まとめ

（仮称）草加市まちづくりセンターの検討のための市民活動団体意識調査

〇三年六月に、草加市で活動している市民活動団体一四二団体を抽出し、その実態（設立時期・事務所・活動内容・会員・活動頻度・活動の場・活動日・財源・課題など）、まちづくりセンターに望むこと（施設設備・利用方法・設置・運営についてなど）を調査しました。

草加市内を活動範囲にした団体では、事務所は会長宅で事務局員がいないことが多く、スタッフは有給か無給かの質問には、無給が約二割で七割近くが無回答という団体が多いことがわかりました。また、活動の場が確保できない、役員のなりてがない、会員が増えない・固定化しているなどの課題が多いこともわかりました。

市民に意見を聞く会と検討委員会報告

〇三年九月二〇日、草加市役所会議室で、草加市民八二名が出席し、検討委員会の報告、市民活動団体意識調査結果（抜粋）などをもとに、（仮称）まちづくりセンターについて「市民に意見を聞く会」を開催しました。

それまで検討してきたまちづくりセンターの機能／組織・運営・職員構成／設置場所／内容に分けて報告した後、検討委員を含めた八二名の出席者を五つのグループに分けて意見交換をし、そのあと全体で報告しあって意見を出し合いました。

センターの機能に対しては、市民活動団体や地域間のネットワークづくり・人材育成・市民活動の計画立案や実施方法についてなど各種支援・情報の収集活動・コミュニケーションがはかれるコーナー（サロン）・相談機能を求める意見、建物そのものよりもセンターとしての機能を重視したいという意見などがでました。

センターの組織・運営・職員構成については、公設公営の場合でも、民間の活用、定年退職者の活用が要望され、財源についても公的資金のほか民間資金の活用を視野にいれるなどの意見がでました。

センターの設置場所に対しては、具体的な場所や既存施設の利用、複合施設の希望とともに、地域拠点の必要性をもとめる意見がでました。

センターの施設の内容については、利用者の立場にたった設計・ユニバーサルデザインを望む声とともに、青少年のたまり場となり非行問題につながらないかなどの問題提起もありました。

その他センターに関して必要な事項として、休館日を日曜日祝日以外にしてほしい、行政主導ではなく、市民主体で考え・話し合って自分たちのまちをつくっていく拠点にしたいなど、たくさんの意見がありました。

「市民に意見を聞く会」を開催して後、中間的な検討案を作成し、それまでに検討してきたまちづくりセンター案を同年一〇月一〇日、草加市長に中間報告しました。

事例視察調査

〇三年七月から一一月に一二か所、〇二年度の事前調査四施設を含めて、一六か所を調査し、まちづくりセンターの施設のあり様を探りました。

職員の配置や、センター設置について行政の条例や指針等の法的根拠をもつかもたないか、また、「公設」・「民営」などの設置形態は施設によって違いがあることなど、施設を実際に視察して、研究調査が深まりました。

調査した一六か所は、ヒアリングした一施設を加え、同じ項目で一か所ごとに表に整理し、報告書の巻末に参考資料で掲載しました。整理作業を行なうことで事例視察調査がより充実し、研究成果を高めることにつながりました。また、報告書を手にした方々にとっても大いに参考になったと思います。


協働のまちづくりにむけてセンター設置の早期実現を

〇四年三月には、右記のような調査や検討をした市民が望むまちづくりセンターのあり方を報告書にまとめました。
「報告書」の概要としては、
*第一章　まちづくりセンターの必要性——経過報告・社会的背景・目的
住民の転出入が繰り返されながら人口増加をしてきた草加市の現状と、コミュニティの希薄、住民の自発的なまちづくり活動意識の醸成の必要性などから、まちづくりセンターの目的を明らかにした。
*第二章　検討テーマ
機能／運営・組織・職員構成／設置場所／施設の内容の検討結果を項目別に整理をし、まとめた。
*第三章　関連テーマ
検討テーマを調査研究する過程でみえてきたまちづくりセンターに関連すると思われるテーマを以下

の項目に整理をしてまとめた。

事務所機能の提供／行政職員の施設業務への関わりと職員へのＮＰＯについての啓発／基金・助成制度／運営等の形態／まちづくりを推進するための市民との協働
＊第四章　草加市民が求める「まちづくりセンター」
検討してきたまちづくりセンターを実現するための条件として、協働のまちづくりへの取り組み、現状での政策的根拠とその明確化をあげ、めざすまちづくりセンターを提言した。

さらに草加市でのまちづくりセンターの設置実現に向けて、「まちづくりセンター設置準備委員会」の立ち上げや実現可能な機能などで暫定的な設置をすることなどを提言した。

巻末に参考資料として、検討のもととなった委員会や「意見を聞く会」での発言・意見の記録とともに、事例視察調査などを行なった一六か所を同じフォームで整理をした個別一覧を掲載した。

＊　＊　＊

草の根ネット市民活動検討プロジェクトは、草加市長公室で木下博信市長へ報告書を手渡し、できる範囲の機能でスタートすることも視野に入れての、まちづくりセンターの早期実現を要望しました。

二〇〇七年問題に備えて　地域デビュー事業

二〇〇六年度の年間をとおして、草の根ネットが水先案内人になり、二〇〇七年問題として話題になっている《今まで自分の住む町を知らないできた定年退職者》に地域の情報や各分野の現状を伝える講演会やフォーラムを連続で行なう「まちづくり『知りたい　出会いたい　動きたい』」事業をしました。

自分の知識や技能、経験を活かしたり、興味にそった活動を地域で行ないたいと考える人たちに、草の根ネットのネットワークを使い、地域の市民活動に入る（地域デビュー）の手伝いをする事業です。定年までに培ったものを草加市内で活かすことは、地域にとっては「誰にも住みよいまちづくり」に大きな力となり、自身にとっては、活かされることで、生きがいや充実感を持ち続け、心身ともに健康な生活をおくることができると考えました。対象者を定年退職者に限定した募集表現にしないことで、まちづくりへの参画の機会がなかった市民にも参加呼びかけが伝わるように、また団塊世代の人たちへ押し付けにならないよう、チラシなど広報には、〈二〇〇七年問題に備えて〉という言葉は使わず、「まちづくり『知りたい　出会いたい　動きたい』」事業としました。

パーシャルネットの活動テーマを月々につなぎ、年間スケジュールを組みました。毎回、茶菓をそえた懇談の場を設け、テーマを身近に、深く感じてほしいこと、出席者どうしが身構えずに関わりあえることをめざしました。

＊　＊　＊

二〇〇七年二月、Ｗｉｔｈ　Ｙｏｕ　さいたま（埼玉県男女共同参画推進センター）フェスティバルのワークショップで、〇六年六月から〇七年一月までの事業を終えた時点での振り返りを草の根ネットのメンバー一四名と来場者二名が出席して座談会形式で行ないました。

団塊世代を含めた人たちへの活動へのお誘いについて、各回のアンケート集計を参考資料に話し合った内容は、①活動への参加は、ユニットという考え方が気楽でよい　②積極的参加を得るには、具体的な仕事を

表２　2006年度事業　まちづくり「知りたい　出会いたい　動きたい」
開催スケジュール（草加市ふるさとまちづくり応援基金助成事業）

	内　　容	
第１回	草加市を子どもにやさしいまちに コーディネーター　獨協大学法科大学院　野村武司教授 子どもの権利条約の普及のためのアンケート調査（05年度ふるさとまちづくり応援基金助成事業）からみえたものをわかりやすく報告 【主催】草加市　草加市教育委員会　ＮＰＯ法人みんなのまち草の根ネットの会	
第２回	地域にふみだす　はじめの一歩 講師　宇都宮大学　廣瀬隆人教授　【後援】草加市教育委員会	
第３回	ミニコンサート＆ほんねのはなし 家庭のふたり「わたしたちの関係はどうあったらよいの？」 【後援】草加市	
第４回	講演会＆ビデオ学習「成年後見制度を知ろう」 ビデオをみてのわかりやすい学習と草加の状況 講師（財）シニアルネサンス財団　河合和氏 【共催】草加市立谷塚文化センター　【後援】草加市	
第５回	講演会＆ほんねのはなし 家庭のふたり「わたしたちの年金はどうなったの？」 講師　夫婦問題コンサルタント　池内ひろ美氏 【主催】草加市　ＮＰＯ法人みんなのまち草の根ネットの会	
第６回	第１回　国内外のボランティアってどんなもの？ 埼玉県内のボランティア活動紹介 海外でのボランティア　ＪＩＣＡのシルバーボランティアの紹介・体験談 ティータイム　自分にあったボランティアはどんなもの？ 【後援】草加市　草加市国際交流協会	
第７回	第２回　地域の外国籍をもつ人たちに手をかそう！　草加市内の国際化ボランティア活動参加体験 【後援】草加市　草加市国際交流協会	
	その１	●日本語教室　「ことばの国際サークル」 ●草加市国際交流協会　「国際村一番地」
	その２	ＮＰＯ法人みんなのまち草の根ネットの会・国際化パーシャルネット「国際相談コーナー」
第８回	草加市内の地域づくりのいま 「まちづくりをつなぐ会　ＰＡＲＴ Ｖ」 （同時開催）団塊世代アンケート調査の結果報告　獨協大学　倉橋透教授	
第９回	やさしい介護保険講座 介護保険パート９「草加市の現状と今後の課題について」 講師　草加市介護保険課 課長　梶田優一氏 【共催】草加市立谷塚文化センター	

示したほうがよい　③入会は、会の目的や活動がわかりやすいほうがしやすいのではないか　④受け入れる側のニーズの確認が必要　⑤また来たくなるような居場所づくりが必要　などでした。

ネットワーク通信の発行

一九九六年三月に、任意団体「みんなのまち・草の根ネットの会」が設立され、四月からの活動をネットワーカーへ情報発信するために、九六年六月三日、「ネットワーク通信」第一号が発行されました。Ｂ４判色上質紙に裏表印刷し、登録されているネットワーカー一一三名に郵送しました。毎号上質紙の色を替えて、ほぼ二か月に一回の発行を始めました。子育て支援パーシャルが子育て情報紙「ＳＫＩＰ」を発行するために、財団法人日本財団から印刷機購入の助成を受けたあとの、九七年六月発行の第八号からは、草の根ネット所有の印刷機で印刷したネットワーク通信になりました。

Ａ３判でリニューアル

掲載する記事が多くなり、Ｂ４判で発行していた通信の文字はじょじょに小さくなり、読みにくいという声を受けて、〇一年一月五日発行の第三一号からリニューアルをしました。上質紙の大きさをＡ３判に、二つ折りしてＡ４サイズの一ページ、手前にめくって裏面Ａ３サイズ全面が二ページ、また手前にめくって三

図２　創刊号から変わらずに使っている会報のタイトル図（加藤由美子作成）

ページという紙面構成にしました。一ページ目には草の根ネット全体にかかわること、二ページ目は事業報告、三ページ目は事業予告を載せる編集です。一ページ目の右側に帯を印刷し、公民館や駅のラックに入れたときに目立つようにもしました。三一号は、薄ピンク色の上質紙に茶色インクという〃お色直し〃で、三七二名の登録者に郵送しました。裏面を読むときに前号までのようにすると逆さに印刷してあるので、印刷を間違えたのではないかとの声を受けて、次の三二号は、読み方のイラストを載せました。三六号からは、一ページ目の上部に「この通信は、一ページを手前にめくって……」という注意書きも載せるようにしています。

〇四年五月に発行された第五〇号は、記念号として、ネットワーク通信の名称と一ページ右端の帯の部分を赤色で印刷し二色刷りにして祝いました。〇五年度は、草の根ネット設立一〇周年記念年なので、名称に記念年と表示し、この年度から色上質紙は年間で二色を交互に使い、名称と帯をカラー三色を順に使うという印刷にしました。

事務局員で合作

九六年創刊当時は、ワープロ専用機で印字入力し、イラスト、写真などはもちろん、文章も切り貼りで仕上げていましたが、現在は、パソコンのワープロソフトで紙面作りをしています。インターネットやデジタルカメラで、紙面はほぼ切り貼りなしで作成しています。事務局員が、編集企画や記事内容を話し合い、担当をきめ、Eメールでやり取りしながら、仕上げるという方法で作り上げます。ワープロ技術やパソコン扱いのなれない会員でも、事務局会議のなかで少しずつパソコン技術や文章作りになれて、スキルアップし、実益のある生涯学習となっています。

〇七年九月現在、第六八号発行となり、ネットワーカー登録実績は、七四一名となっています。

ネットワークづくりの基

草の根ネットの活動を知る、情報の共有をするというネットワーク通信です。また会員の〝思い〟・〝つぶやき〟を他の会員が知るという役目もあります。二ページで掲載される〝わたしの願い〟は、〇五年七月発行五七号から、会員のまちづくりの願いを書いてもらっています。

人と人を結ぶネットワーカーの情報源の一つとしています。

5 活動の視覚化とPRが課題——草の根ネットの特徴と課題

アメーバ状の活動のよさ——特徴

「会のことを知りたい」と訪れる方、シンポジウムなどで発表したとき、この草の根ネットの会とは、どんな会なのかを理解していただくのがたいへんむずかしいと実感しています。

草の根ネットの活動は、市民一人ひとりの思いを大切に、その課題をどう解決していくのか、その方法として網の目のネットワーカーが思いをつなげ、アメーバ状に広がっています。それを会の一つの力＝意志として形成し、さらに行政につなげていくことによって、施策としてのかたちをとって制度化していくことで、協働の道を開き、解決へむけています。

特定非営利活動法人化されたことにより、活動する側も行政側もきちんと公共性をもち、広がりをもつことができるようになりました。

このようにして形づくられてきた事業が、各パーシャルネットで述べられているような事業となって展開されています。

このパーシャルネットの存在が、グループ・個人ではできない出会いの場をつくり、個々が課題を見つけて解決していく場を作り出しています。そこではいろいろなチャンスづくりが提供され、顔の見えるつながりが蓄積されて、それぞれの思いが達せられていきます。

このような活動を支えていくには、ネットワーカーをはじめ、市民と課題について学び、力を出していかなければなりませんが、このことは、学びをとおしてまちづくりへかかわり、行政だけでは手の届かない問題を掘り起こして、きめ細かなまちづくりへと展開されていきます。

また、会で培ったノウハウを自分の活動に活かせる、つねに活動自体が理論に裏付けされた動きともなっていて、個人でも先進的な課題に取り組める要素ともなっています。

目に「見える化」――荻野吟子賞受賞

二〇〇七年六月一六日現在七四一名の会員登録番号に達しているとはいえ、草加市人口二四万人弱の都市ではまだまだ草の根ネットのことを知らない人も多いのです。しかも、どちらかというと、ソフト面の活動をしているために目に見えない活動が多く、国際相談コーナーのように活動を目に「見える化」したり、多くの市民にわかるように力を強くする必要があります。

活動の課題の一つ、目に「見える化」として、一一年目にして、二〇〇七年二月に埼玉県の第二回荻野吟子賞を受賞することができました。

「さいたま輝き荻野吟子賞」は、埼玉県出身で日本初の公認女性医師となった荻野吟子の不屈の精神にちなんで、男女共同参画社会づくりを推進するために、先駆的な活動をしているなど顕著な功績があった個人や団体を表彰するもので、二〇〇六年度に創設されました。

草の根ネットは、草加市から、「男の料理教室」実施や、草加市と協働して「男女共同参画フォーラム」などを開催してきた実績や、女性の社会参画を促す会の運営をしている団体として推薦され、それらをとおして性別に関わりなく暮らしやすい地域づくりに貢献していることが評価され、受賞につながりました。

このことは、草加市民をはじめ、県下の他地域の方々から男女共同参画社会づくりを地道にやりつづけている団体という評価をいただくことになり、それがかかわっているメンバーの励みともなるというその相乗効果によって、草の根ネットの輪がまたひとつ大きくなったように思います。それと同時に会のＰＲにもなったと自負しています。

二〇〇六年度年間事業として、二〇〇七年からの団塊世代の退職者を視野に入れた活動を展開しましたが、これからは男性が蓄えてきた能力を活かす場づくりがもっと必要になってきます。「男の料理教室」を登竜門として参加する男性も多くなり、初期は五対一であった女性対男性の比率は、現在では二対一にまで縮まり、国際相談コーナーの設置や法人化により、もてる力を発揮する男性も多くなっていますが、まだまだこれからの課題です。男性パーシャルネットの立ち上げが必要ではないか、という意見も出ています。

組織が大きくなると、もともとある理念・ミッションが忘れられていく危険性があります。会が硬直化していくことを防ぐためにも、「パーソン」が動くことが大切です。また、誰でもわかる活動などをとおして、若い人や新しい人のかかわりを多くしながら維持していく道を模索していくことも大きな課題です。

〈かかわった人の思い〉

自分たちの手による「まちづくり」を

上山辰子●会員

国にとって、地域という着想が大きな意味をもつ時代、草の根ネットは、誕生以来、卓越した独創性と実行力でその歩みを展開し、その足跡は、いまや草加市の重要な実力派団体として知られるようになりました。

しかし、会のモットー「誰にも住みよいまちづくり」は、やはり遠大な課題です。たとえばアメリカ人なら、自分の家を建ててそこに永住するよりも、自分にとって人生が豊かに過ごせる地域に移り住む移動型ライフスタイルを選ぶでしょう。極端な例ですが、サンフランシスコ、カストロ地区は、この地区に移り住んだからこそ、異端者だった同性愛者たちは人間的にのびのびと公民権運動や社会活動を繰り広げ、アファーマティブ・アクション（ポジティブ・ディスクリミネーション）（積極的差別是正措置）は隣接地域にも浸透し、彼らにとって「住みよいまち」に発展させることができました。転職は勲章とみなされ、よかれと思えば新天地を求めて気軽に移住するのです。花粉症の人は、緑の草木から逃れ、海岸や砂漠のまちに移り住み、そこで市長に立候補さえするのです。自分のレベルにあった社会環境へ自ら入っていくのは当然の近道、どこへいっても迎え入れてくれる地域の教会があり、疎外感に陥ることもなく地域コミュニティに溶け込めるのです。

＊　＊　＊

さて、日本そして草加ではどうでしょうか？　古来の農耕民族の名残りか、私たちは、一地域定住型のＤＮＡをもつ民族のようです。だからこそ自分たちの手による「まちづくり」が重要になってきます。そして生涯住み続けるであろう我がまちが旧態依然とした閉塞社会、立ち遅れた行政内容であればどうでしょう？　足もとから変えるしかないと誰もが思うでしょう。足もとを改革するのは冷静に遠くをみて歩ける人によると思うのです。近視眼的一心不乱型は地域を危機に陥らせる危険があるからです。

ヨーロッパ社会の変化にも注目してみると、二〇〇二年からユーロ通貨が一般市民に浸透し、結果として「欧州人コミュニティ意識」を芽生えさせました。ことあるごとに他国を批判しあっていた欧州の国々は、お互いの壁を崩し、「新しい欧州を共有する社会」に変貌しています。孤高の国スイスが周りの国に流通するユーロ通貨の影響で態度を変えざるをえなくなり、必要に迫られた社会変革は興味深く思えます。

日本人そして草加市民は、このような社会現象を同じ地球市民としてどう捉えているのでしょうか。社会の急速な変化に流されず、真実を見極める鑑識眼を磨く必要があります。今、何かを成就させるために、行政と市民のパートナーシップは大切ですが、お互いに良きパートナーになるには同等の力量と資質が必要です。劣のほうはどうしたらよいのでしょうか。「行政指導」ということばは、行政マンの聡明さ、知的水準の高さを連想させ、期待感を湧かせますが、最近は「市民主体」ということばが広報面で目立ちます。地方自治体の行政マンは一箇所定住型の代表で、世界各地の現場で鍛えられる機会がなく、民間企業の激しい競争や個人能力公開による苦境にも身をおく機会がありません。この環境が行政の無策につながるのではないでしょうか。公僕でありながらプロの誇りをもって「私主義」の市民の理屈に振り回されぬよう研鑽を積んでほしいものです。

＊　＊　＊

市民側に見え隠れする問題は、「個人主義」を「私主義」にすりかえ、ボランティアの意味を曲解し、「ボランティアだからここまででいい」という安易な発想をもつリーダー層があいかわらず多いことです。ボランティアとは見返りをもとめない志願者、志願兵であって、活動にリミットはありません。個の確立とコミュニティへの貢献をふまえた公共精神が土台となります。

草の根ネットの公共精神は、次なるステップのＮＰＯ法人化に自然につながります。かつて、外務省とＮＧＯの問題が浮上し、結果的にＮＧＯの存在が深く私たちの意識に入り込みました。草加市民はＮＧＯ、ＮＰＯが国民や市民の代表であることを理解しているでしょうか。

着実な活動を続けているさまざまな団体がＮＰＯ法人に衣替えする動きが目立っています。今まで蓄えたノウハウを地域や国際社会に還元するのはすばらしいことです。草の根ネットは活動の本格化にともない、社会的責任が重くなるでしょう。ときには痛みをともなうでしょうが、達成感の喜びはそれにも増して大きいことは確実です。

〈かかわった人の思い〉

ネットワークのたのしさを知った

高橋さきえ
●男女共生パーシャルネット世話人（第一代）
事務局長（第二代）

現在、みんなのまち草の根ネットの会で事務局長として活動に参加しています。その活動のなかで、ネットワークのたいせつさ・たのしさを学び取りました。また人は「思い」をたいせつにしてほしいものなのだと気づき、家庭でも地域活動の場でも意識をするようになりました。私がそのことに気づくことができた道のりを記してみます。

地域にデビュー「ふれあいひろば瀬崎」

家族で草加市へ移り住み、二人の娘の学校生活が始まり、地域とかかわりをもつようになりました。とくにＰＴＡ役員時代に、「ふれあいひろば瀬崎」を立ち上げ、その活動に関わったことで、地域との関わりは深くなりました。

「ふれあいひろば瀬崎」は、ＰＴＡが地域の人たちとともに地域で心豊かな子育てをしていくための地域まつりで、一九八七年にＰＴＡが地域の主だった団体（町会、婦人会、青年会、民生児童委員協議会など）に声がけし、地域の連携を深め、ふれあいのあるまちをつくることを通して地域の教育力を高めることを目的にして始まり、毎年多くの人が小学校校庭に集う地域まつりになり、現在も開催されています。

実行委員会は一年かけて企画を調整しながら準備を進めました。開催準備中の実行委員会が地域内の団体の情報交換の場となり、「ふれあいひろば瀬崎」の場が、瀬崎地区内の連絡調整役を担うようになりました。行政から地域に生涯スポーツ地区振興会や平成塾の設置を打診されたときは、「ふれあいひろば瀬崎」実行委員会で、地区内の関係する団体と話し合い、それらの運営チームをつくり、行政の地域への依頼を引き受けました。

娘が小学校を卒業してＰＴＡから退いた後も、私はその活動に携わり、一〇年目の開催を区切りに、中心的な役割を下りました。その後、ネットワークづくりを意識するようになってから「ふれあいひろば瀬崎」の活動は地域のネットワークづくりをしていたのだと遅まきながら気づきました。

みんなのまち・草の根ネットの会へ

九五年に、宮本節子会長から、文部省委嘱事業を受けるのにあたってのネットワークづくりをするので、参加しないかとの声がけがあったのも「ふれあいひろば瀬崎」を中心的に活動しているさなかでした。

「ふれあいひろば瀬崎」をとおしてできてきた地域の連携を活かして、行政との関わりを強くしたい、他地域での活動とも連携をしたいと思い始めていた私には、草加市内でそれぞれ市民活動をしている人たちがネットワークするということにも、興味深く思えたのを今でも覚えています。

みんなのまち・草の根ネットの会の基本理念である「男女共同参画」のテーマに出会ったことは、私のなかで何かが動いたように思います。私の家庭内で漠然とした「なにか違う……なにかおかしい……」と思っていたことを、他の人も「違う！　おかしい！」といっているのだというように感じました。男女共同参画をテーマにしたネットワーク会議などの集まりに、その「なにか違う」という思いを探りながら私は意見を発言していました。

夫との家庭は、妻は家にいて家事や子育てをし、夫の父母の面倒をみていればよく、妻の私自身が意思をもって一人の人間として社会に出ることは喜ばれませんでした。私が興味をもって参加する市民活動も、家族に気を使いながらの参加でしたから、家事は必要以上にきちっとこなさなければ外出も気が引ける状態でした。そのおかげで、かなりの家事力が身につきました。

私は、自分の家庭での不満にきちっと向かい合わず、自分の気持ちをごまかして過ごしているうちに、家庭内の軋轢は深くなり、その後に手痛い仕置きをうけることになったのですが。

男女共生パーシャルネット世話人に

九七年にパーシャルネットの設置があり、そんな私が、男女共生パーシャルネットの世話人になりました。男女共生パーシャルネットで何をしていこうという具体案もないままに引き受けた世話人でしたが、草加市内の男女共同参画社会づくりにむけた市民の意識をアンケート調査し、実態を知ろうということになり、私の男女共同参画社会づくりは始まりました。

その調査を実施し、報告書を発行するという一連の活動作

パソコンソフト「エクセル」の使い方を学習中

業から、いくつかのことを学びました。世話人としての当初は、世話人の私が、調査の設問づくり、調査依頼、分析と作業に携わった作業分量が多く、携わるメンバーを増やしながらメンバーとともに活動するという観点が少なかったのは、大きな反省すべき点でした。しかし調査依頼する私の草の根ネットメンバーとしての心構えは、今の活動スタンスに大いに役立っています。報告書づくりでは、ワープロ専用機から、パソコンの入力技術を習得し、報告書の編集技術も身につけました。また、分析では、集まった調査票の取り扱い方、とくに数値の取り扱い方をはじめ男女共同参画のテーマまで深く学ぶことができました。

男女共同参画のテーマを学ぶことで、それまでは漠然とした「私の家庭内での『なにか違う……』」は、固定的性別役割分担意識によるものだったということに整理がつきましたし、私がウーマン・リブなどに同調できなかった理由である積極的格差是正は、男女不平等ではないのだということも理解できました。そして、自分がひとりの人間として社会に責任をもち自立することを意識しだし、それを目標にすることができたことは大きな学びでした。

事務局長に

発会から山川令子さんが事務局長をしていましたが、埼玉県議会議員選挙へ立候補するために事務局長を降板したのは九八年一二月。宮本節子会長が事務局長を兼任していましたが、翌年四月の総会も過ぎた六月に、私は事務局長を引き受けました。

事務局長としては、会の活動資金調達や経理などは力不足でしたがメンバーに助けてもらうことにしました。会全体に関わる企画や、メンバーとの調整、文書づくりなどが私が担う役目でした。講演会やワークショップを企画するときに、携わるメンバーが多いとその分だけ違った意見が出てきてさまざまな企画案が立てられること、違った意見をたいせつにしながら、一つの企画を立てていくとメンバーの「思い」が共有化され、みんなで充実感を味わえることなどが事務局長をしていて覚えた醍醐味です。「ふれあいひろば瀬崎」の活動時代を省みたとき、人の思いの強さや違いに振り回され、いつもハラハラドキドキしながら運営していましたが、じつは私が人の思いに気がまわらなかったことがみえてきて、草の根ネットの事務局長をしているあいだに、企画や運営力のほかにもさまざまな力がついたものだと実感することがあります。

新たな地域のネットワーク「瀬崎まちづくり市民会議」

九八年の市制施行四〇周年事業から二〇〇〇年度に生まれた草加市のパートナーシップによるまちづくり事業「地域白書づくりモデル地区」指定を私の住んでいる瀬崎地区が受けることになり、活動の中枢の事務局に加わりました。私は、草の根ネットの事務局と瀬崎地区のまちづくりの事務局をすることになりました。

瀬崎地区は、都市計画マスタープラン地区詳細計画策定モデル地区も同時にうけ、瀬崎まちづくり協議会を発足、〇一年度には「瀬崎まちづくり市民会議」を立ち上げ、本格的な地域住民主体型まちづくり活動をめざして活動が始まりました。〇六年四月、「瀬崎まちづくり市民会議」は、地域内にある草加市立瀬崎コミュニティセンターを指定管理者として、公共施設の住民管理をしています。現在、私はその職員として勤務し、報酬をいただいてまちづくり活動をしています。

この瀬崎まちづくり市民会議の活動は、「ふれあいひろば瀬崎」に携わりながら私が思っていた〔瀬崎地区の連携のよさを活かしたい」ということが実現したと思っています。地域の人たちが「住みよいまちにしたい」という「思い」を連携よくつなぎ、人々の思いを満たしあうまちづくりをしていきたいということが私のまちづくりの「思い」です。地域のネットワーク＝一人ひとりの「思い」を大切にしながらつなぐという、私の行き着いたまちづくりセンスは、草の根ネットで培ったものと私は思っています。

「思い」を共有した仲間に囲まれ、草の根ネットの事務局と、瀬崎まちづくり市民会議の仕事をしながら、時折、「幸せはこんなことかも……」などと思いながらまちづくりに明け暮れしています。

〈かかわった人の思い〉

「世界の料理でディナーしよう」から草の根ネットへ

高橋　弘●企画委員（事務局員）

私と草加市との関わりは、三六歳のときでした。交通が便利なわりに地価が安いので、定年退職までの繋ぎとして谷塚町の建売住宅を購入し、移り住むことにしました。しかし、毎日帰りが遅く、家は寝るだけの文字どおりベッドタウンでした。それでも子どもが少年野球に所属していたので、父母との交わりもあり町会の役員も引き受けていました。

その後、子どもが一人増え成長とともに手狭となり、五〇歳で現在の清門町に転居しました。分譲住宅地なので、周りは初めてマイホームを取得したのか、みんな若い人達で、共働きの人が多く近所付き合いもほとんどない状態です。

私は勤め先に恵まれ、六〇歳の定年退職後も関連会社などで六五歳までは勤務できたのですが、いわゆる賞味期限切れになる前に、海外旅行や町内会のお手伝いなどで余生を送りたく、六二歳でリタイアすることに決心しました。そんなとき、にわかに娘の結婚が決まり、私が退職する二か月前に嫁いでいきました。娘は犬を飼っていましたが、新居がアパートなので、犬は家に残したままでした。犬の世話で長期間留守にすることができなくなり、海外旅行は夫婦別々に行くことにしました。困ったことは女房が旅行中の食事のことでした。姉が六人もいて、独身寮の経験もない私は「男子厨房に入るべからず」で育ち、料理の経験は皆無でした。一週間、一〇日を毎日外食というわけにもいかず、嫌でも料理の必要性を痛感しました。

そんなとき、女房に「男の料理教室」を勧められ、草の根ネットの第二回教室に応募しました。しかし、申し込みが遅く、定員締め切り後でした。次に応募したのが「世界の料理でディナーしよう」（草加市文化協会主催、みんなのまち・草の根ネットの会共催）が、初心者歓迎・三日間出席が条件なので、これなら私でも大丈夫と思い参加しました。本格的な四川料理で、二度の実習ではとても一人で料理することはできませんでしたが、基本的なことを学習でき、後々大いに役立ちました。その席で共催の草の根ネットへのお誘いを受け、会費無料の恩義もあり、取り敢えず登録会員となりました。

＊　＊　＊

町内会の役員は、地元地主やその関係者がほとんどで、新参者が出る雰囲気ではなく、早めの退職を少し悔やんでいたおり、草加市のコミュニティセンターで、職員募集の案内を知り応募してみました。簡単な筆記試験と面接がありましたが、草加市の人口、特産物、姉妹都市などの設問に恥ずかしながらほとんど回答できず、面接でも自分の町内の町会長の顔も知らず、見事不採用となり、今までいかに自分が地域に無関心に過ごしてきたかをつくづく思い知らされました。その後は「広報そうか」にも目を通すようになり、少しずつ地域と係わるようにしております。

みんなのまち・草の根ネットの会が、NPO法人成立とのニュースも広報で知り、〇二年一一月の法人成立報告会を、恐る恐るのぞきに行きました。人目につかないよう片隅で傍聴していましたが、事務局長の高橋さきえさんが目敏く私を発見し、自己紹介させられるハメとなり、雑用くらいのお手伝いならしてもよい旨の挨拶をしてしまい、正会員にもなりました。

何の特技も才能もないのに、お役にたてる自信はありませんでしたが、手始めに〇二年度人権・啓発フォーラム「誰にも住みよいまちづくりⅥ」の冊子づくりの作業を手伝いました。

草の根ネットの各パーシャルの世話人の方は、皆さん真摯に関わりをもち、活動されています。肉体労働の雑用を条件に参加した私ですが、その後ネットワーク通信の印刷のみでなく、記事の担当も仰せつかり、懇切丁寧なご指導を受け、当初は加除添削で文章が真っ赤になる有り様でしたが、最近は赤字がずいぶん少なくなりました。また、地域づくりパーシャルネットにもいつの間にか配属となり、柏、我孫子の視察や、各種会合にも参加するようになり、次第に会の重責を感じる反面、元気なうちにゴルフや旅行など遊びたい気持ちとの葛藤を余儀なくされている状態です。

＊　＊　＊

『産経新聞』の連載に、曽野綾子氏の「透明な歳月の光」(〇五年毎週月曜日掲載)のＮＰＯ活動への参加と題したコラムで知りましたが、内閣府の一〇月二九日に発表したＮＰＯに関する世論調査によると、八〇％近くの人がボランティアなど営利を目的としない取り組みに「大切だ」と回答しているが、過去五年間にＮＰＯ活動に参加した経験のある人は七％あまりにすぎず、「ＮＰＯ活動は大切だ」と頭で理解してはいるが、「参加したい」は四三・九％で、「参加したいと思わない」の四八・九％を五ポイント下回ったそうです。これは、日本の教育政策の怠慢でＮＰＯ活動を体験する機会を与えていないため、体験したことがないので参加したいと思わない人が多いと結論付けていました。

私も、今のところ事務局の皆さまに教えて頂くことが多く、何のお役にもたっていない状況で、杉村太蔵衆議院議員（〇五年初当選）の心境ですが、せっかくの機会ですので、少しは貢献できるよう頑張らねばとの思いです。

―第３章―

草加市の施策の流れ

シンポジウム「知ろう 活かそう 草加市みんなでまちづくり自治基本条例」（2007年8月10日）

男女共同参画政策の取り組み

「草加市くらしを支えあう男女共同参画社会づくり条例」制定

島村美智子●元草加市勤労課婦人係長

はじめに

「草加市くらしを支えあう男女共同参画社会づくり条例」は二〇〇四年（平成一六）一〇月一日から施行されました。

条例の目的は、すべての人が性別にかかわりなくくらしを支えあう豊かで活力ある社会をつくるため、男女共同参画社会の実現に向け、市民、事業者、市民団体、市の責務を明らかにするとともに、男女共同参画社会づくりを総合的、計画的に進めることを目指しています。

この条例は、一九九九年（平成一一）六月二三日に公布・施行された「男女共同参画社会基本法」に基づき制定されたものです。法律は、男女共同参画社会の形成に関する基本理念として、①男女の人権の尊重、②社会における制度又は慣行についての配慮、③政策等の立案及び決定への共同参画、④家庭生活における活動と他の活動の両立、⑤国際的協調という五つの理念を定め、この理念にのっとり、国や地方公共団体は男女共同参画社会の形成促進に関する施策を策定・実施すること、国民は男女共同参画社会の形成に努めることという、それぞれの責務を明らかにしています。このような法律の理念を受けて、地方公共団体では、男女共同参画社会の実現に向けて施策の基本となる条例を制定したのです。制定した条例の名称は地方公共団体によって様々ですが、本市は「草加市くらしを支えあう男女共同参画社会づくり条例」とし、また、内容についても苦情処理のための専門委員の設置が盛り込まれており、特色となっています。

ここで、条例制定にいたる草加市の取り組みについて確認してみたいと思います。

男女共同参画の取り組みを条例制定まで私が記すことは、あまりにも無謀と言わざるをえませんが、専任婦人係の初代係長として七年間務めたこと、また、女性研究会を組織していた宮本会長さんとの出会いおよび会長さんの紹介により国際女性の地位協会（女性差別撤廃条約の研究・普及を目的として、一九八七年に設立されたＮＧＯ）の会員となったことから、担当業務を離れてもつねに女性政策にアンテナを掲げていたことで、このたびの機会をいただきました。

内容が多岐にわたっているため、表現の一部が大変断片的となっていることをご容赦いただければ幸いです。

1　女性政策の取り組み――黎明期から揺籃期について

『婦人問題』って、ご存じですか？

婦人問題とは、「女性が女性であるということだけで男性と差別され、社会的に不利な取り扱いを受け、持っている能力を十分に発揮できない状態」を言います。女性だけの問題ではなく、男性も含めた生き方の問題とも言えます。

この呼びかけは、一九八六年（昭和六一）四月、女性行政所管組織として福祉部勤労課に婦人係が設置されてから、講座、講演会、婦人問題だより「それいゆ」などの啓発事業で数多く問いかけられていた文言です。

女性の地位向上を図るための大きなうねりは、七五年（昭和五〇）の「国際婦人年」と、それに続く「国連婦人の一〇年」です。男女平等の促進と社会・経済・文化の発展への婦人の参加をめざしたもので、この間には、各方面で婦人を取り巻く様々な問題解決への取り組みが進められてきました。

草加市においても、八二年（昭和五七）に福祉部勤労課に「婦人対策に関すること」として婦人行政を位置づけ、啓発事業として、女性セミナー・講演会などが実施されていました。八五年（昭和六〇）から、婦人対策費という予算科目が設定され、本格的に施策が推進されました。六月に、婦人行政の総合的かつ効果的な企画および推進を図るため「草加市婦人問題庁内連絡会議」が設置され、一〇月には、婦人の地位の向上を図るために「草加市婦人問題協議会条例」が施行されました。時は、「国連婦人の一〇年」の最終年でした。

そして、前記のとおり、翌八六年（昭和六一）四月婦人係が設置され、専任の係の誕生でより積極的な取り組みがスタートしました。この八六年（昭和六一）は、男女雇用機会均等法（雇用の分野における男女の均等な機会及び待遇の確保等女子労働者の福祉の増進に関する法律）の施行や高校の家庭科男女共修の決定など国内に様々な動きがありました。

八九年（平成元）三月には、草加市女性行動計画「男女共同参加社会をめざす草加プラン」を策定しました。行動計画は都道府県レベルでは策定されていましたが、市町村としては先駆的な取り組みで、埼玉県内では所沢市など数市しか策定されていなかったと記憶しています。この行動計画（アクションプラン）が策定される前に、草加市における婦人問題解決のための提言が婦人問題協議会から提出されていました。

従来、附属機関はとくに法律に規定されているものを除き、諮問がされた事項に対して調査審議するものとされておりましたので、婦人問題協議会のこのような提言は附属機関としては稀有なものでした。これは、婦人問題協議会の所掌事項として、「婦人の地位向上に関する事項については、自ら調査審議して市長に意見を述べることができる」と謳っていることからの提言でした。

婦人問題は、市民一人ひとりの人権の確立をめざし、市民が主体的に取り組まなければ解決しないことから、この条例には人々の意識改革による家庭や社会の慣行および制度の見直しなど様々な施策を市民と行政との共同（現在の協働＝パートナーシップ）により展開していくことが重要であると謳われていました。

会長は提言のなかで、「人にはそれぞれ違った能力があり、様々な生き方があります。それは男女に共通する事柄です。しかし、女性を取り巻く社会的環境の大きな変化や女性の社会進出がめざましく進展した今日においても、長年にわたって培われてきた固定的性別役割分担意識は、人々の意識や社会のしくみの中に依然として根深く残っており、女性の自立と社会参加を阻む大きな壁となっております」として、女性の置かれている現状などを認識するとともに、男女が、ともに協力しあってそれぞれの人生を送り、男女が、ともに能力を尊重しあって、共同して家庭と社会生活を営んでいくことの必要性を訴えております。

市長は、この提言を受けて策定された女性行動計画のなかで、「本市は二一世紀に向けて、新しい視点から『快適都市』の実現をめざしています。その構想のひとつである『共につくる自分たちのまち』に婦人対策の推進を位置づけ、女性の地位向上に向けての施策を展開しております。婦人問題が国際婦人年を契機として国際的レベルで考えられ、男女平等が社会の発展や平和と関連して、より積極的に論じられ性の違いを乗り越えた両性の問題としての取り組みが求められています。このたび、広範多岐にわたる婦人問題について、このような観点に立った提言を、草加市婦人問題協議会からいただき、女性の地位向上を図り婦人問題解決の指針となるべき『男女共同参加社会をめざす草加プラン』を策定いたしました。この計画は、婦人問題を男女両性の問題として捉え、あらゆる分野への共同参加をめざすものですので、行政だけの取り組みだけでなく、市民一人ひとりの努力が大切です」として、市民の責務およびパートナーシップに向けた働きかけをしています。

また、婦人問題協議会と執行機関の長である市長とは、協議会発足当時から良きパートナーとして、様々な婦人問題に取り組んできました。とかく名目のみとなりがちな審議会の所掌事項ですが、婦人問題協議会は、婦人団体の代表者、知識経験者および市議会議員をメンバーとして活発な審議が続けられ、委員はその任期中に必ず提言を行なうなど与えられた任務を果たしてきました。そのことが今日の課設置の礎を築いたものと考えています。

なお、行動計画策定までの三年間の婦人係は、婦人問題意識調査の実施や女性セミナー、講演会、講座の開催およびパネル展、女性の図書コーナー、婦人問題だよりの発行、広報そうかに婦人問題をシリーズで掲載するなど多くの啓発事業に取り組んできました。とくに、婦人問題だより「それいゆ」の発行も広報として有効であったと言えます。これは職員の評言ですが、「それいけ！　婦人係は元気だねー」とか、「女性の旗振り役」と言われ、いつの間にか「婦人係は元気印」と言われていました。

「それいゆ」（soleil）とは、フランス語で「太陽」―平塚らいてう女史は、「元始女性は太陽であった」と語りました。女性がいつも太陽のように輝いていていてほしいとの想いをこめてつけました。年四回発行し、婦人問題の啓発の情報を中心とした事業案内が主たる内容でした。

行動計画策定後の大きな取り組みは、悩みごと相談と法律相談で構成される「女性の生き方なんでも相談」をスタートさせたことでした。また、この年のセンセーショナルな社会現象は、一・五七ショックでした。少子高齢化に拍車がかかり合計特殊出生率が一段と落ち込み少子化が懸念され始めました。今や、一・二五です。

そして、九一年（平成三）四月、福祉部勤労課婦人係から企画財政部自治文化課女性係に移行いたしました。

これは、女性の社会進出がめざましく進むなか、西暦二〇〇〇年に向けてさらなる女性の地位向上をめざした施策を展開するために企画財政部に位置づけられたものでした。同時に、婦人問題協議会条例は、女性問題協議会条例に改正され、委員の選出区分も従来の婦人団体の代表者から関係団体の代表者に変更されました。翌九二年（平成四）から市民団体として男性が加わり、女性問題解決のために男女両性での審議がなされるようになりました。このことを契機に参加から参画へ、共同から共生への新たな潮流《うねり》が湧き起こりました。

2　女性研究会との出会い

一九七五年（昭和五〇）一月「女性向上のために寄与する」ことを会の目的とした「女性研究会」が設立されました。国際婦人年と軌を一にして発会された女性研究会を会の代表である宮本節子さんから紹介されたのは婦人係として一年が過ぎたころでした。当時、婦人問題だより「それいゆ」の発行など婦人係の取り組みに対して一定程度の評価をいただきました。

しかし、それまで社会教育施設、福祉施設、スポーツ施設、コミュニティ施設、勤労者福祉施設、商工会館などにおける調査を通して、女性で組織されている団体・グループの一覧名簿を作成していましたが、女性研究会の存在を確認できなかったのです。すでに十余年活動されている会を、それも女性の地位向上・発展のために学習や環境づくりの団体を把握できなかったことは、情報収集・発信の難しさを痛感させられた出来事でした。

このことを教訓として再度女性で組織されている団体・グループの調査をいたしました。また、一覧名簿は、市内の婦人団体をすべて網羅したものではないことを明記して各公共施設に配布し、常時情報の提供を受けることにしました。

そのころ、第一期婦人問題協議会委員が任期満了を迎えようとしておりました。もちろん現行の委員の方々には今後とも婦人の地位向上のためご尽力いただけるものと考えておりました。しかし協議会をいっそう進展させるためには、様々な視点による新たな議論が不可欠であることから、婦人団体の代表者の半数を新たに選任することになりました。

女性研究会は、第二期婦人問題協議会委員の選出時に婦人団体の一つとして推薦され、会の代表者である宮本節子さんが委員に委嘱されました。その後六期一二年の長期にわたり委員を務めていただきました。

この時期、一九八八年（昭和六三）、宮本節子さんは草心会の代表幹事として大変ご活躍されており、有識者として草加のまちづくりに多くの情報を発信しておられました。

女性研究会、草心会、そして今日のみんなのまち草の根ネットの会、いずれの会も時代の先端課題の解決に向かって、市民の視点での地域づくり、まちづくり活動を行なっており、そのパワーと戦略に敬意を表するものです。

3　行動計画と事業の推進

第一期の草加市女性行動計画
——男女共同参加社会をめざす草加プラン

八九年（平成元）三月に策定された第一期の草加市女性行動計画—男女共同参加社会をめざす草加プランは、第二次草加市総合振興計画基本構想第二期基本計画の目標年次と整合を図り、計画の期間を平成元年から七年までとしました。計画の内容は、①男女平等意識の高揚、②社会参加の促進、③健康と福祉の充実、の三つの重要課題と一四の施策に分類されたものでした。

第一期の計画は、「男は仕事、女は家庭」の言葉に代表される固定的性別役割分担意識が、社会や人々に根強く残っていることから、婦人問題を男性の問題として考える必要があること、すなわち婦人問題は男女両性の問題であることを市民一人ひとりが認識することの重要性を柱に据えたものでした。家庭・学校・社会のあらゆる分野において男女平等意識の高揚を図り、女性の生まれながらの性差を理解し尊重したうえで、能力や個性を十分に発揮できるよう社会参加の条件づくりや環境整備を行ない、男女の共同参加を推進する取り組みが計画されておりました。

新規事業の「女性の生き方なんでも相談」は、「広報そうか」に「女性の強い味方、好評です」として紹介され、相談に訪れた人の話として、「一般の相談では法律に基づいて処理するのに対して、この相談では考え方や生き方のアドバイスが受けられるのでありがたい」との記事を掲載しました。

また、女性の平均寿命は八一歳を超え世界一となり、女性のライフサイクルや意識も大きく変化してきました。高齢化社会の到来によって、婦人問題は社会構造にかかわる大きな課題となってきたのです。

女性の経済的基盤の確立、年金、介護制度の改善など福祉サービスの充実、生きがい対策、健康対策など総合的な取り組みが必要となってきました。また、男女の役割分担を見直し、母性の保障、福祉の充実を図るためには、あらゆる分野での共同参加をさらにいっそう進展させる必要がありました。また、草加プランの実現には、市を超えて国・県の施策との密接な連携が必要なことから体系的に国・県への働きかけを強化してきました。

第二期の草加市女性行動計画
——男女共同参画社会の実現をめざして

九六年度（平成八）から二〇〇〇年度（平成一二）までの五年間を計画期間とし、第二次草加市総合振興計画第三期草加市基本計画の計画期間との整合を図りました。計画の内容は、①生活を通じての男女平等意識の啓発、②生涯学習による男女共生の推進、③社会参画の促進、④多様な社会参画選択への条件整備、⑤高齢社会の健康と福祉、⑥健康な生活と性の尊重、の大きく六つに分かれています。実施にあたっては、市民、企業、団体、行政などにおける創造性や他との連携が図れるように一六一の施策を整理したものでした。

この計画では、様々な施策の取り組みが進められましたが、なかでも、あらゆる領域に参画できるような活動の場の確保や条件の整備、また、エンパワーメントを促進するための研修や学習の場を提供できるような支援体制の充実が図られました。エンパワーメントは、よりよい社会を築いていくための責任をもった変革の主体となる力をつけることで、男女共同参画社会の実現に向けて、一人ひとりがその人らしく活動するうえでの必要条件となるものです。

「男女共同参画社会」とは、国では、「男女が、社会の対等な構成員として、自らの意思によって社会のあらゆる分野における活動に参画する機会が確保され、もって男女が均等に政治的、経済的、社会的及び文化的利益を享受することができ、かつ、共に責任を担うべき社会」と定義されたものです。この間、九九年（平成一一）六月に男女共同参画社会基本法が制定され、翌二〇〇〇年（平成一二）四月には、埼玉県男女共同参画推進条例が施行されるなど、法律や制度が次第に整備されてまいりました。

第三期の草加市女性行動計画
――草加市男女共同参画プラン二〇〇一

計画の期間は、〇一年度（平成一三）を初年度とし〇五年度（平成一七）までの五年間で、第三次草加市総合振興計画基本構想前期基本計画の計画期間と整合を図っています。

これまでの様々な取り組みにより浸透しつつある男女共同参画社会。しかし、理念の浸透に、実際の生活がついていけない現状もあることから、策定したプランには、「くらしを支えあう男女共同参画社会の実現をめざして」という基本理念を副題に掲げていました。計画は、草加市女性問題協議会の第三期行動計画に関する答申を尊重するとともに、市民意識調査や市民活動団体のヒアリングなど、市民の意見や提言をもとに策定されました。

計画の内容は、これまでの基本理念を継承しつつ、二一世紀の社会のあり方を見据えて、草加という地域社会のなかでともにくらしを支えあう市民一人ひとりの生き方に沿った、男女共同参画社会の実現を図ることを目指しています。そして、男女共同参画社会の実現に一歩でも近づけるため、「草加市男女共同参画プラン二〇〇一」には、積極的な施策展開を目的に、六つの基本目標とその実現のために二三の主要課題を定めました。さらに、計画は、これまでの計画よりもより具体的な形で施策に取り組むため、主要課題ごとに市の個別の施策名・事務事業名・事業内容・担当課を明記しています。

同時に、基本目標を実現するため、市が取り組む重点施策を六つ掲げています。①政策・方針決定過程への女性の参画、②「（仮称）草加市男女共同参画推進条例」の制定、③男女共生センター（仮称）構想の検討、④女性に対するあらゆる暴力根絶に向けた推進、⑤地域の子育て支援体制の充実、⑥庁内推進体制の充実、です。

何よりも、男女共同参画社会を実現するためには、総合的・計画的に施策を展開していくことが必要であることから、市では、男女共同参画社会基本法や埼玉県男女共同参画推進条例などを踏まえつつ、この重点施策に掲げられた「(仮称)草加市男女共同参画推進条例」を制定し、市の男女共同参画推進に関する施策の基本理念を定め、市民、企業(事業所)、行政の役割と責務を明確化するための行動をスタートさせたのです。

4 条例制定に向けて

男女共同参画社会の実現をめざして、〇二年(平成一四)四月に草加市男女共同参画審議会に対し、「男女共同参画推進条例の素案の策定に関する基本的事項について」諮問を行ないました。

審議会は、合計九回の審議会を開催するとともに、市民の意見を草加市男女共同参画情報紙「それいゆ」やホームページにおいて募集し、市民の意見も参考にしながら、〇三年(平成一五)三月「基本的事項」について答申しました。

答申では、「草加市は、長引く経済不況、急激な少子高齢化、情報化・国際化など多様な変化の波に覆われています。このような経済・社会の急激な変化に対応するには新しい価値観による豊かで安心できる地域社会の実現と女性も男性も家庭生活や職業生活などを両立でき、ともに社会を支えあうことができる環境が必要です」、そのためには「女性も男性も、それぞれの考え方や意思を尊重しあい、ともに支えあい、ともに責任を担い、一人ひとりの人間性や個性が自由に発揮されて、多様な生き方を選択できる社会」すなわち「男女共同参画社会」を実現しなければなりません。また、男女共同参画社会を推進する法的基盤として「地方分権型の行政システムに合致した地域住民の視点に立つ、地域の実情に応じた、実効性のある具体的規定を持つ条例」を制定する必要があるとしています。

この条例は、男女共同参画推進の諸施策の展開のための「地域社会の体制、推進方策の仕組みを定める」ことを内容とし、その名称を「草加市くらしを支えあう男女共同参画社会づくり条例」とすることが提案されました。

続いて、〇三年(平成一五)四月審議会に対し、「(仮称)草加市くらしを支えあう男女共同参画社会づくり条例の素案について」諮問を行ないました。

審議会は合計七回の審議をした後、審議会としての条例案を市ホームページの閲覧や公共施設での配布、また、市内一〇〇事業者・五〇団体への郵送を行ない市民の意見を募集し、寄せられた意見を参考にしながら、〇三年（平成一五）一〇月「条例の素案について」を答申しました。

答申には、「従来からの経済、雇用、家庭、地域、教育等のあり方やしくみ、枠組みなどを変革する可能性を秘めた概念として男女共同参画社会を位置付け、その実現には積極的格差是正措置、セクシャル・ハラスメント、ドメスティック・バイオレンス、リプロダクティブ・ヘルス／ライツが重要なポイントである」と述べられていました。

積極的格差是正措置とは、社会のあらゆる活動において男女の格差なく参加できる機会を積極的に提供することをいいます。具体的には、男女の不平等を是正するため女性があまり進出していない分野などで一時的に女性の優先枠を設けるなどして、男女の実質的な均等を確保することを意味します。セクシャル・ハラスメントとは、性的な言動に対する相手方の対応によって不利益を与えたり、性的な言動により相手方の生活環境を害することをいいます。ドメスティック・バイオレンスとは、パートナーから受ける身体的、精神的、性的および経済的な暴力をいいます。リプロダクティブ・ヘルス／ライツとは、生涯にわたる性と生殖に関する健康と権利のことであり、女性が生涯にわたって、自らの身体と健康について主体的に自己決定を図り、身体的、精神的、社会的に良好な状態を享受することと、そのための権利をいいます。

また、男女共同参画社会の形成促進に関する施策への苦情処理、セクシャル・ハラスメントなど性別による人権侵害に関する被害者の救済システムとして苦情処理委員の設置が提案されました。

そして、「草加市くらしを支えあう男女共同参画社会づくり条例」は、〇四年（平成一六）九月定例市議会の議決を受け、同年一〇月一日から施行されました。

＊「草加市くらしを支えあう男女共同参画社会づくり条例」は、「草加市ホームページ」のなかにある例規集から閲覧できます。

市民参加・参画のまちづくり施策の取り組み

日比谷信平●元草加市総合政策課長

はじめに

三位一体改革、規制緩和など地方分権に向けての動きが加速しています。地方でできることは地方が決定し、責任をもって実行するという考えは、具体的な方法論としては様々な論議があるものの時代の要請として定着し、各自治体は生き残りをかけて制度改革、意識改革などにしのぎを削っています。地域のまちづくりについても行政が計画し、行政が実行するといった従来のお任せ主義はなくなりつつあります。むしろ、地方分権から一歩進んで地域分権を構築していかなくてはならないという発想が広まりつつあります。草加市においても、市政運営の根幹に「市民が発想、役所が実行」の理念を置き、まちづくりのなかに市民の考えていることを、市民の参画によっていかに実現していくか、模索し、努力しているところです。

私は、一九六九年（昭和四四）草加市に奉職し、主に企画部門を中心に仕事をしてきました。そして、九八年（平成一〇）には企画課長の任務にあり、市制施行四〇周年記念「市民と行政のパートナーシップによるまちづくりシンポジウム」事業に携わりました。この事業は、草加市における市民と行政の関わりにおいて一つの転機になった事業であると考えています。それまで草加市でも市民と行政がパートナーシップに基づいて協働して行なってきた事業は枚挙にいとまがありません。しかし、多くの場合それらの事業はどちらかというと行政が働きかけ、行政が企画した枠のなかでの協働であったと思えます。その点で、このシンポジウムは、きっかけは市制施行四〇周年記念事業でしたが、企画から実践にいたるまで市民の主導で行なわれ、行政は終始お手伝いの立場であったところが従来の事業と基本的に違っていたと思います。

その背景には、当時、草加市には主体的、自発的にまちづくりに関わり実績を積んでいる市民活動団体が様々な分野で活動しており、シンポジウムをになっていく下地ができていたのだと思います。むしろ、行政がそのことに気づいていなかったのかもしれません。

以下、私が草加市に勤め始めてから、このシンポジウムにいたるまでの道のりを市民参加に焦点を当てて、振り返ってみたいと思います。草加市の広報紙を参考にしていますが、あくまで私の視点での捉え方ですので思いこみの強い部分や、正確さに欠ける部分があることをお含み置きいただきたいと思います。

1　急激な都市化と様々な都市問題の発生

草加市は一九五八年（昭和三三）に市制を施行してから、高度経済成長による首都東京への人口集中の影響を直接受け、典型的な衛星都市として発展してきました。東京へ通勤するサラリーマンの恰好の居住地である草加は、急激な人口増加と、それに伴う無秩序な都市化によって大きな混乱を招くにいたりました。

また、新たな人口の流入は、それまで奥州日光街道の旧宿場町の名残を残した都市部と、広々とした郊外部の農地、そのなかの微高地に点在する村落で構成され、バランスのとれた比較的穏やかな地域である草加のまちの各コミュニティにも、混乱を巻き起こしました。一般的に、この時期に草加に住居を移した新しい市民は、草加都民といわれ、生活する意識は東京に向いていて、なかなか地元の人たちと融け合おうとしないところにコミュニティがうまく機能しない原因があるといわれていました。

したがって、このころの草加市のまちづくり施策の中心は、急増する人口に対応して、新たな草加市民が生活していくうえで欠くことのできない道路、水路、ゴミ処理などの生活都市基盤の整備、それに年々増加する一方の児童生徒のための義務教育施設整備に全力を集中せざるを得ない状況にあったといえます。とくに草加の最大かつ宿命的な問題であった治水対策については、何よりも優先して解決しなくてはならない都市問題でした。年ごとに増加していく人口に、これらの施策が追いつくことは難しく、多種多様な都市問題の発生は市民の日常生活を阻害していきます。もともと草加市に住んでいた市民も、新たに移り住むことになった市民もたぶん初めて経験する環境の変化であったと思います。市民は行政に対し、身近な生活都市基盤整備の遅れ、騒音、悪臭、振動などの環境問題、義務教育施設の立ち後れ、保育園などの福祉施設の整備等々について、一方的に苦情をいい、その解決を要求するといった状況がはっきりしてきました。このことは別な視点からみると、コミュニティが混乱するなかで、一人ひとりの生活者としての市民が、行政に直接発言をするようになったということだと思います。

2　市民対話集会

このような状況に対して、行政は、市民本位ということを市政運営の理念として全面に掲げ、まちづくりの主体は市民であることをアピールします。そして、市長が地域におもむき直接市民の苦情や要望を聞く、市民対話集会を数十回にわたり開催することになります。また、地域の苦情、要望とは違って、教育問題、道路、清掃、公害問題など市政全般にわたる問題をテーマ別に市民と行政が直接意見交換をする公聴会の開催、市長への手紙、市長相談などを立て続けに実施しました。

市民対話集会は、当時草加市と同じような問題を抱えている首都近郊の多くの自治体で行なわれていましたが、その趣旨は二つあったと思っています。一つは、市民派の市長が、型にはまった考えしかできない役所のフィルターを通さないで、直接市民と対話することにより、市民と行政の距離を近づけること、二つ目は、限られた財源のなかで、山積しているまちづくりの問題を早急には解決できない実状を理解してもらい、解決方法を市民と一緒になって探っていこうという姿勢を示すことだと思います。当時の市の広報誌には「あなたも市政に参加して」と題して、「自治体あっての行政ではなく、市民あっての行政に向かい、市民一人ひとりが行政に参加してこそわたしたちの住みよいまちづくりができるものと思われます」と、市民と行政の対話を呼びかけています。

私も何度か対話集会に出席しましたが、休日の昼間、銭湯の脱衣所を会場にした対話集会の記憶では、次々と生活環境の悪化、公共公益施設の立ち後れの問題が提起され、集まった住民も、市長も、それらの解決方法について、真剣に話し合っていました。高度経済成長のひずみを浴びた首都近郊都市の首長と、住民の苦悩がひたひたと伝わる雰囲気でした。しかし、一方で、それまではどちらかというと「由らしむべし、知らしむべからず」という姿勢がうかがえた行政が、市民との信頼感を基に一体になって問題解決に当たる新たな構造が見てとれて、まちづくりにおける別な意味での期待が生まれていた印象もあります。

市民と行政が一体になって問題を解決した一つの例を挙げたいと思います。当時市内の新興住宅地に、モーテル建設の動きがあり、住民がこの反対運動を始めました。そして行政にも力になってほしいと要請してきましたが、このモーテル建設は法律的にも、市の条例、要綱上も問題はなく、行政が現状では建設を取り止めさせる根拠が見つからない状況でした。しかし、住民と行政が本当に一体になって研究し、法令を組み合わせ、知恵を出し合うことによって結果的に建設を阻止することができました。この事件の成果は、住民の行政に対する信頼がより深いものになった以上に、この問題に関わった多くの市の職員が、行政が市民に顔を向けていることを改めて認識したことにあると思っています。

3 対話から参加へ

一九七五年（昭和五〇）、草加市はまちづくりの総合的な五カ年計画、中期計画を策定することになりますが、その策定にあたって「中期計画策定市民会議」を設置しました。この市民会議は、「市民が市政に計画の段階から参加し、市民の意思を直接市政に反映させ、市民本位の市政を確立させる」という、行政と市民の対話を一歩進め、市民の市民参加の思想を具体化させたもので、全国的にも画期的な試みであったと思います。

もう少し具体的にいいますと、これまでの対話集会などは、主に地域の生活環境の問題について、直接市長に訴え、解決方法を行政と市民が一緒になって考える、というものでした。しかし、市民会議が審議の対象とする「中期計画」は、草加市の行政全般に関わる総合計画です。総合計画といってもまちづくりの理念や構想を抽象的に語り合うだけでなく、一つひとつの施策を五か年のなかで、どのような考えで、どのように計画するか、という具体的で現実的な行政計画でありま す。その計画づくりを、つい最近まで対話集会という形での初期的な市民参加しか行なってこなかった自治体が、一足飛びに本格的な市民参加の手法をもって実施するのです。行政の担当者も相当の不安をもっていたようです。しかし、「まちづくりの真の主役は市民である。市民の意見が計画の中に活かされなければならないのは自明の理である。草加市のような人口急増都市においては、新しい市民の意見を行政が吸収していくことが大きな課題である」という当時の市長の強い政治理念を拠り所として市民参加の実践に踏み出したのです。

公募を中心とした五〇名の委員は、会社員、経営者、主婦、芸術家、ジャーナリスト、など、じつに様々でした。草加のまちづくりに大きな関心をもっていて、そのために何かをしたいと考えている点では皆さん共通なのですが、まちづくりの理念、それを実現する方策などについては、一人ひとりが草加市における自らの生活体験に即したそれぞれの考え方や感じ方をもっていて、会議に参加する動機も違います。当然、利害の反する人たちもいます。その人たちが一堂に会して、まちづくりの総合的な計画をまとめ上げる、しかも事務局を務める行政側も、初めての試みであり、これといったノウハウをもっていない。端で見ていてもたいへんな事業であると思っていました。

そして、会議は現実に立ち上がるのですが、はじめの何回かの会議は、進め方そのものを巡って紛糾したということです。

しかし、この市民から公募した委員三〇名、学識経験者二〇名の五〇名の委員からなる市民会議は、一年七か月をかけ、百数十回の会議や集会を経て、自主的なまちづくり市民案をまとめました。会議は、ほとんどが夜七時から一〇時過ぎ、ときには一一時を超え、また、場合によっては休日に開かれることもありました。委員の大半が、昼間仕事をもち、あるいは育児や家事に追われている市民です。そのご労苦はたいへんなものがあったと思われますが、初めての市民参加での計画を創るという使命感、責任感と、そのためのみんなの合意を形成しようという熱意が実を結んだのだと思います。

この市民案は、「まちづくりの当事者は住民であり、住民自治こそがまちづくりの基本である」としており、この考えが全体を貫いたものでした。ここでは旧住民も、新住民も関係なく、草加市民として一体となって、草加のまちのあるべき姿を提案し、その過程として、市民が計画づくりの段階から参加することを提案しています。みんなのまち草の根ネットの会会長の宮本さんもこの市民会議の委員として参加されています。

そして、七七年（昭和五二）、草加市において本格的で、具体的な事業に係る市民参加が、そうか公園建設基本構想策定事業で実践されました。これは、一〇名の公募の市民委員と、三名の知識経験者から構成されたそうか公園建設推進市民委員会において、一七・八ヘクタールの広大な用地に、建設が予定されている公園の基本構想を提案してもらおうというものです。市民委員会は、約一年かけて、専門講師を呼んでの勉強会、市民アンケート調査、市民集会などを実施し、構想をまとめ市長に提出しました。

大規模な公共事業の計画段階での不特定市民による市民参画は、これが最初の試みであったと思います。

4　市民と行政のパートナーシップによるまちづくりシンポジウム

九七年（平成九）、草加市長は、その年の施政方針演説において、市民の自己実現志向の高まり、市民活動の活性化の状況を踏まえて、市民と行政の確かな信頼関係のうえに立ったパートナーシップのまちづくりを表明しました。このころは、草加市内においても、高齢社会、環境、生涯学習などまちづくりの様々な分野で、従来のボランティア活動、地縁の住民活動とはすこし違った形での市民活動が盛んになってきていました。少子高齢化、情報化、国際化が激しい勢いで進展し、地域社会も大きく変化するなかで、市民の価値観も多様化し、行政に対する要求も、従来とは違ったものになってきているなかで、行政の手の届かない部分や、企業では採算上手掛けない部分を担っているのが、これらの市民活動団体です。また、前年の阪神・淡路大震災でのＮＰＯの活動が高く評価され、まちづくりに市民活動は不可欠な要素であることが、自治体関係者に認識され始めていました。

市制40周年記念　パートナーシップによるまちづくりシンポジウム
「21世紀に向けての新しいコミュニティづくり」（1998年11月15日）

九八年（平成一〇）、草加市は市制施行四〇周年を迎えることになります。

市ではその中心となる記念事業として、市政運営の基本に、市民と行政のパートナーシップをおくという政策を受けて、市民参画型社会を目指した、パートナーシップによるまちづくりシンポジウムを開催することにしました。この事業を企画、立案するにあたって市は、多種多様な市民活動家、活動団体などにより構成され、市民活動をネットワークすることによって、市民自治を目指している「みんなのまち・草の根ネットの会」（以下、草の根ネットとします）と協働することとしました。市内には多くの市民活動団体が、それぞれの分野で活動を繰り広げていましたが、草の根ネットは、行政の責務と市民の責務を明確にし、市民と行政が対等、平等の関係に立ち、まさにパートナーシップによってまちづくりに取り組んでいこうという姿勢を前面に掲げて活動している団体でした。

初め、市の考えでは、市内の市民活動団体に呼びかけ、大規模なシンポジウムを開催し、そこでパートナーシップによるまちづくりを、市民、行政で確認するというイベント的な内容で実施する予定でした。しかし、草の根ネット会長の宮本さんらアドバイザーから、「そんな一回限りの安直な方法で、本当の意味でのパートナーシップによるまちづくりを実現することはできない。パートナーシップは、市民が主体になるわけだから、そのことを理解してもらい、草加市に定着させるためには、相当の時間とエネルギーをかけて、できるだけ多くの市民の参加を得るなかで、地道に着実に進めていくべきである」との提言がされました。

5 地域でのまちづくりシンポジウム

市ではこの提言を受けて、市民が企画し、市民が実践するシンポジウム事業に着手しました。草加市内を七地区に分け、各地区に、公募による地区実行委員会を置き、委員会がそれぞれの地区において、地域の問題を提起し、その解決策を市民主体で考えるミニシンポジウムを開催することが、基本事業となります。そして最終的にはミニシンポジウムでの話し合いの成果を、全市的なシンポジウムにつなげて、市と実行委員会とで「市民と行政のパートナーシップによるまちづくりの確認」を行ないました。

地域でのミニシンポジウムでは、情報伝達のあり方、子育て・若いお母さんの悩み、高齢者介護など市民が日常生活を送るうえでの具体的な問題が提起され、地域での解決方法が様々な立場から熱心に話し合われました。日常的に多くの人と一つのテーマについて話し合い、議論し、一定の解決法までこぎ着けることになれていない人が多い現状のなかで、ミニシンポジウムは地域での問題解決の学習の場でもありました。また、ミニシンポジウムには、市の職員も参加していましたので、ともすると行政に対する一方的な苦情、要求の場になってしまいましたが、そういうときは、コーディネーターとして参加している草の根ネットの人から、行政に頼るのではなく、地域の問題は地域で考え、解決するという姿勢を忘れてはならないとの意見が出され、話し合いの軌道が修正されたこともたびたびありました。

私は、市役所に永年勤めてきましたが、このシンポジウムを通して、草加というまちのなかに、行政の目の行き届かない様々な分野で、じつに多くの市民がいろいろな形で熱心に活動していることにたいへん驚かされ、感動したことを覚えています。そして、もう一つ気づいたことは、前述の中期基本計画策定市民会議での主要な課題は、高度経済成長の歪みを受けて、乱開発、公害、コミュニティの崩壊などによって、地域での生活の見通しが立たないなか、草加のまちを何とかしなくてはいけない、地域の荒廃に歯止めをかけなくてはいけないということだったと思います。そして、それから二〇年あまり経ったこのシンポジウムにおいての課題は、主に、低成長、成熟社会の先の見通せる状況で安心、安全、安定のシステムを、地域社会のなかでどう築いていくか、ということではなかったかと思っています。

いずれにしても、こうして、最終的には全市的なシンポジウムにおいて「市民の日常生活における問題を解決するには、新しいコミュニティづくりが不可欠であり、市民と行政によるまちづくりを更に発展させるための市民と行政とからなる推進組織を設置し、その問題解決の仕組みづくりに取り組むこと」をお互いに確認しました。

6 まちづくり総合条例の検討（調査報告書から）

このシンポジウムを契機に、草加市政はパートナーシップのまちづくりを具体的に進めるための制度や組織を一歩、一歩充実させていくことになります。

初めに着手したことは、まちづくり条例の検討です。時代の要請を受けて、規制緩和や地方分権の考え方は、趨勢となっていましたが、地方行政は、どちらかというと市民参加、総合行政、行政サービスの利便性の向上、説明責任などの地方自治のあり方を理想論として論じている段階にあったといえます。市民と行政が、確実な信頼関係の基にパートナーシップを進めていくためには、これらの考え方を制度や政策として明確に市民に示すことが、行政の義務であり、責任であります。

草加市では、このことを実行するために、九九年度（平成一一）、二〇〇〇年度（平成一二）にかけて、まちづくり総合条例の検討を始めました。このまちづくり総合条例検討の背景には、次のような状況がありました。

（1）まちづくり関係規程の総合化――草加市の景観条例制定に向けた事業者との話し合いのなかで、これまでの煩雑でわかりづらいまちづくり関係規程の総合化、行政手続きの簡素化に関して、要望書が事業者から市に提出されました。草加市内の建設関係の事業者は、まちづくりの重要なパートナーです。そのパートナーからの要望書にもあるとおり、確かに、当時のまちづくりに係る手続きについては、諸規定、行政の窓口がいくつかに分かれており、これを整理する必要がありました。

（2）地域のまちづくりの推進——地方分権の推進は、地域における市民の皆さんの主体的なまちづくり活動と、行政がそれを横断的、総合的に支援することが基本であると考えられます。そして、そのための実効性ある方策が求められている状況がありました。

（3）開発指導要綱の限界——地域特性に応じた土地利用を進めていくためには、開発指導要綱に代わる行政手続きに基づき、法的担保を背景に透明性と実効性のある開発・建築行政を展開する必要がありました。

以上のことを踏まえ、九九年度（平成一一）は、とりわけ、地域のまちづくりを、市民、事業者、行政との協働により、横断的、総合的に推進するための仕組みに焦点を当て、その制度と運用の観点から、まちづくり総合条例について議論を重ねてきました。

その結果、総合まちづくり条例を、それぞれの性格の違いから、パートナーシップまちづくり条例、まちづくり基本条例、まちづくり手続き条例の、三条例に分けることとしました。そして、二〇〇〇年度（平成一二）は、九九年度（平成一一）のパートナーシップまちづくり条例の検討に続き、主にまちづくり手続き条例について検討しました。

ここで、三つの条例について簡単に整理しておきます。

＊まちづくり基本条例——草加市の最上位の条例であり、自治基本条例とも呼ばれるもので、基本構想に基づく、まちづくりの理念を具現化するための行動の指針として基本原理を条例化したものです。

＊パートナーシップまちづくり条例——地域のまちづくりを市民と行政のパートナーシップによって、総合的に推進するための仕組みを制度化するものです。そして、まちづくり基本条例と、このパートナーシップまちづくり条例の考えを合体させて、〇四年（平成一六）に「草加市みんなでまちづくり自治基本条例」が制定されました。

＊まちづくり手続き条例——開発要綱など、まちづくり関係規程を、条例として総合化するものであり、後の「草加市開発事業等の手続き及び基準に関する条例」として、制定されることになります。

また、この間二〇〇〇年（平成一二）一二月に、市は、草加市の将来像を描く総合振興計画基本構想を策定し、そのシンボルプロジェクトの一つに「パートナーシップまちづくり」

を掲げ、「まちづくり条例」による地域でのまちづくりの促進と、そのための仕組みづくりなどを位置づけました。

7　歩き始めたまちづくり

二〇〇〇年度（平成一二）、〇一年度（平成一三）に、地域住民の主体性・自主性を基本としながら、行政が支援する地域のまちづくりは、瀬崎地区と高砂住吉中央地区で、モデル事業として動き始めました。

九八年度（平成一〇）に、市制施行四〇周年記念事業として展開したパートナーシップによるまちづくりシンポジウムで、市と市民で確認した事柄を、条例の整理などの環境づくりとは別に、足が地についた現実的な事業として立ち上げたものがこの事業です。

具体的には、これらの地域のまちづくりの進め方などをテーマにした懇談会。自分の住んでいる町をよく知るためのタウンウォッチング、まちづくりの白書づくり、これらを様々に展開させていくための地域の組織づくりなどの活動です。

このまちづくり活動が、従来のまちづくりと違う点は、行政がその地域のまちづくりに、既存の計画や枠組みを押しつけないこと。市民同士、市民と行政が、それぞれ自主性と主体性をもって徹底的に話し合うこと、そして、お互いが納得したうえで前に進むこと、などであります。自分たちの地域のことは、自分たちで責任をもって決めていく、そのうえでパートナーである行政と協働してまちづくりを進めていこうというものです。この自治に向けての意志と活動が、現在その実現に向けて、様々に論議されている地域分権につながっていくのだと考えています。

市民参画

みんなでまちづくり課の仕事を通じて

萩原信行●元草加市総合政策部みんなでまちづくり課・課長補佐

はじめに

二〇〇二年（平成一四）四月一日、草加市役所に、パートナーシップによるまちづくりの制度化、地域のまちづくりに関する総合的な調整および推進などを業務とする、みんなでまちづくり課が誕生しました。

みんなでまちづくり自治基本条例は、（仮称）パートナーシップまちづくり条例（一般的な名称は市民活動支援条例あるいは市民参加条例）として、九九年度（平成一一）の企画課当時から検討をはじめ、みんなでまちづくり課に引き継がれました。私はこの企画課の業務を引き継いで、みんなでまちづくり課に異動しました。

当初から、この業務に携わった者として、その検討過程などを紹介しながら、市民と行政の関係のあり方を確認してみたいと思います。

1　（仮称）パートナーシップまちづくり条例懇話会から学ぶべきこと

（仮称）パートナーシップまちづくり条例は、町会やテーマコミュニティなどの代表、知識経験者のほか、公募による市民二人を加えた一〇人で構成された懇話会で、検討立案を進めました。

検討に際しては、市でたたき台として条例案を示すことはせず、地域でのまちづくりの問題や市民に対する市の対応など、まちづくりに関わるさまざまな意見を忌憚なく発言することから始めました。会議を公開し傍聴者からの意見も認め、議論の俎上にも乗せました。また、事務局である私たち、みんなでまちづくり課の職員も委員の間に席を設ける形で参加し、議論をしました。こうした進め方は、すべて懇話会委員の合議によるものです。

事務局では、条例の起草委員会の設置や、たたき台として条例案を準備させてほしい旨、提案しましたが、採用されませんでした。委員全員で条例立案に関わりたい、白紙の状態から検討したいという委員の意気込みの現れです。

議論は伯仲しました。たとえば、後でも述べる「みんなでまちづくり会議」が提案されたときは、行政側は意図がよくわからず、委員との間で何回となく意見のやりとりがありました。

通常の「会議」は、構成員を固定化した「審議会」と同種のものであるとの認識が行政側にあり、構成員を限定せず、市民誰もが出席できる「みんなでまちづくり会議」というもののあり方を理解できなかったことにあります。

「構成員を固定化しない会議というものの運営がうまくできるのか!?」、行政の懸念はそんなところにあったと記憶します。条例を施行し、みんなでまちづくり会議も何回か行ないましたが、その運営は確かに難しいものになっています。

運営の具体的な方法も、懇話会の委員の皆さんとの議論で検討すべきであったというのが反省です。

懇話会という形式や、委員の構成、検討の範囲、スケジュールなど、市があらかじめ決めて進めましたが、今後の市民参加は、こうした方法論や手法の検討決定から市民が担っていくようにしなければならないのではないか、というのが、私が最近、感じていることです。市がお膳立てした場に、市民が参加するのではなく、お膳立ても市民自らが行なうということです。すくなくとも、この懇話会のメンバーは、そうした方向を向いていたと私は実感しています。

懇話会は、〇一年（平成一三）一二月五日の第一回懇話会から、ちょうど一年、〇二年（平成一四）一二月二日、第一四回の懇話会を開催し、終了後、直ちに市長に最終報告を行ないました。

事務局では、最終段階として、この一四回目の懇話会に先立ち、市長・助役との検討会議を三回行ない、懇話会の意見を最大限尊重することを前提に、数か所の修正を加えた事務局修正案を作成し、懇話会に提案しました。懇話会では一部修正が加えられ、最終報告として了承されました。その結果、条例名も「みんなでまちづくり条例」となりました。

懇話会の条例案には、市民と行政のパートナーシップによるまちづくりを進めるためのさまざまな取り組みや仕組みが盛り込まれています。

とくに、市民によるまちづくりの提案や、それを公開の場で議論する「みんなでまちづくり会議」は、従来の形骸化しがちであった行政が主催する会議に変革を求めたものですし、市民にまちづくりに取り組む自覚をもってもらうための「まちづくり活動の登録」制度は、行政からは提案しづらく、市民ならではの発想によるものです。

その後、〇三年（平成一五）三月市議会に「みんなでまちづくり条例」として、市長提案しましたが、市議会の、みんなでまちづくり条例は自治基本条例として「格上げ」すべきだとする意見により、一年の継続審査を経て、〇四年（平成一六）六月、みんなでまちづくり自治基本条例が制定されました。

2　みんなでまちづくり自治基本条例の発想

――住民による地域のまちづくりの仕組みの確立＝市民の手によるまちづくり（計画）を

それではなぜ、みんなでまちづくり自治基本条例なのか、検討当初にもっていた条例の発想を紹介したいと思います。

まず第一に、市民相互の関係、市民と行政との関係を見直すということです。

地域には、さまざまな団体があり、それぞれに活動をしています。そのなかでも、町会・自治会は、長い活動の歴史をもち、行政からも大きな役割を担わされています。しかし、一方で、町会は加入率の低下や、テーマコミュニティの台頭などによる地域のまちづくりに果たす役割の相対的な低下が指摘されており、地域での新たな組織化が必要になっているのではないか、ということです。

町会は恒常的に行政と密接な関係をもっていますが、テーマコミュニティと呼ばれるさまざまな種類の市民活動団体は、恒常的な行政とのつながりに乏しいばかりでなく、特定のテーマ、たとえば、環境問題であったり、子育てであったり、国際化であったりと、テーマごとに地域にとらわれない活動を別々にしており、町会など地縁団体やテーマコミュニティ相互の連携が図られていないという面があります。

これはもったいないことです。特定の地域、町会の範囲などで、町会とテーマコミュニティが一堂に会し、両者のもつ力を地域のまちづくりに結集できたら、どんなに有意義なことでしょう（**図1**「市民と行政の新たな関係づくり」を参照）。

また、市民と行政との関係では、行政の都市計画、建設、健康、福祉といった分野別対応という縦割り行政が、市民の行政へのアプローチをわかりにくくするとともに、行政内での連携を妨げており、分野を横断した地域対応型行政に変革していく必要があるのではないか、ということです。

市民はそれぞれの必要によって、行政組織の特定のセクションにアプローチする必要があり、また逆に、行政は、それぞれのセクションの必要で、それぞれ別個に市民にアプローチしています。その結果、町会などには、いくつもの行政のセクションから個別に、さまざまなお願いごとなどが寄せられるということになっています。

こうした状況から、両者の中間に、新たなセクションなどを仲介的に置くことによって、総合的な対応を図ろうとすることが必要なのではないか、ということです。

第二は、前述した縦割り行政から生まれた、これまでのハードを対象としたまちづくり条例への疑問です。

まちづくり条例は、一九七〇年代中期以降に制定された世田谷区や神戸市の条例に端を発するといわれていますが、その後制定された全国のまちづくり条例のほとんどは、いわゆるハード、市街地の整備を目的としたものです。再開発や区画整理などの面整備事業や地区計画などの、計画制度の地域での推進のための手法として広まったのです。その後、都市計画法改正による都市計画マスタープランの策定により、都市計画マスタープランを、地域で具体化する際の手法としても考えられているようです。

しかし、地域の課題は分野を問いません。筆者も役所生活のなかで経験してきましたが、地域住民のなかに入っていくと、まずいわれるのが、役所への不満であり、道路側溝のふたの修繕や道路補修、近年は、高齢者の介護や老後の健康など身近な生活上の要望や不安です。住民からみれば、たまに役所の人間が身近に来たわけですから、日頃の行政への不満や要望を、ここぞとばかりに言い募る場となるのは自然なこ

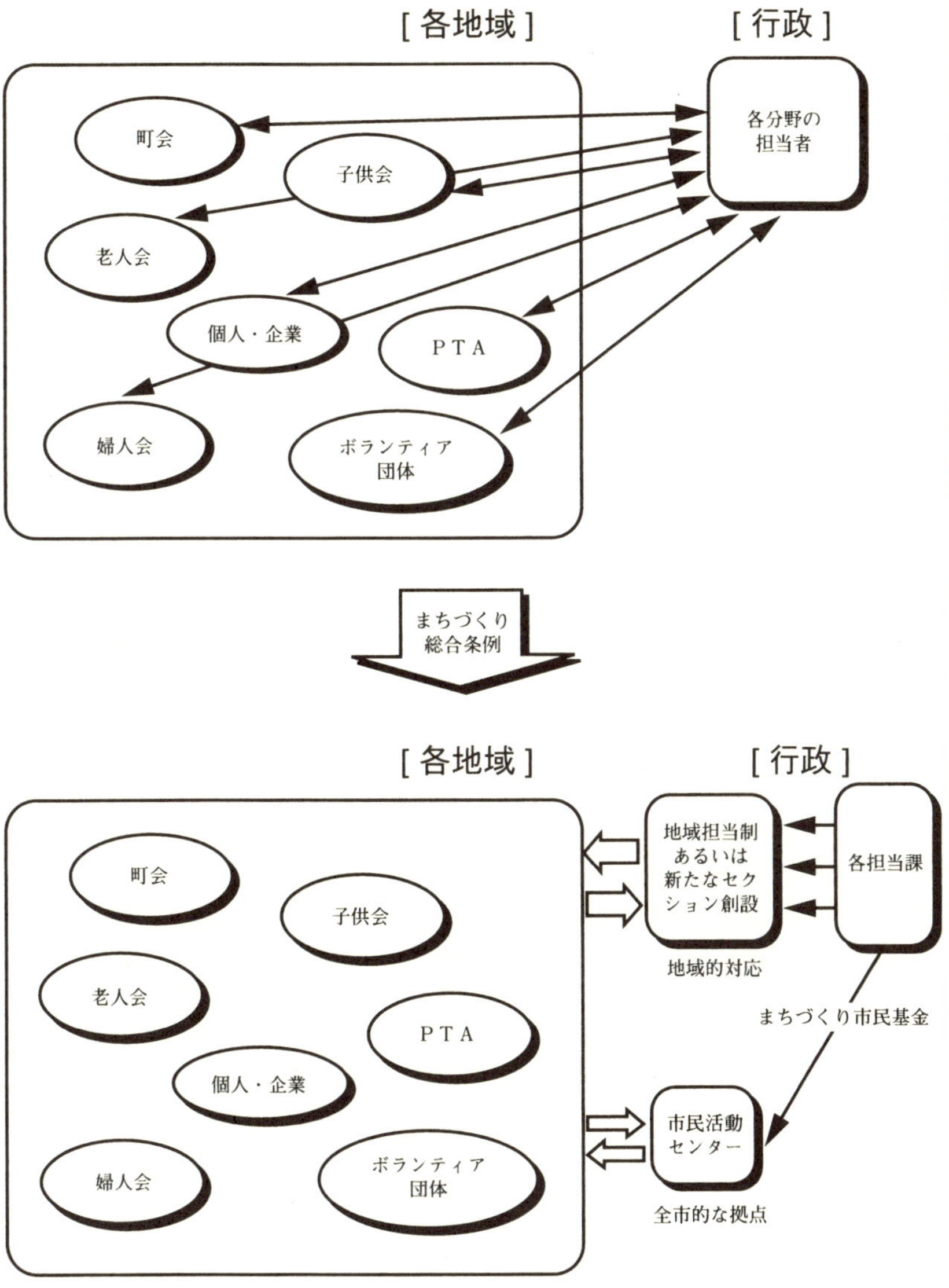

図１　市民と行政の新たな関係づくり

とでしょう。

道路側溝のふたがけなどは「どぶ板行政」と呼ばれ、過小にとられがちですが、こうした住民の身近な要求に応えられないで、どうして「まちづくり」や「市民参加」などということができるでしょう。

そして、市制施行四〇周年を記念して開催した「パートナーシップによるまちづくりシンポジウム」では、こうした課題を通底する問題として、コミュニティのあり方が問われたのです。

地域課題は分野を問わない。だから分野を問わないまちづくり条例を創ろう、ということです。だから、市街地整備や都市計画マスタープランなどのハードの実現を直接の目的とするのではなく、市の最上位計画である基本構想の実現が目的となるのです。このことは、地域が作成するまちづくり計画の内容や行政組織のあり方に密接に関わってきます。

このことが、みんなでまちづくり自治基本条例で規定する、市民が作成する「まちづくり計画」は分野を問わないものであり、前述した縦割り行政を克服し、地区の総合的な対応を図ろうとする新たなセクション＝みんなでまちづくり課の創設につながっているのです。

3　その他の取り組み

九九年（平成一一）、第三次基本構想の策定過程の初期段階で、さまざまな市民活動団体のヒアリングを、個別に一団体二時間ほどかけて精力的に行ないました。そのなかから、活動資金・施設、行政情報の入手の困難さなどから活動の安定性に欠ける一方、切実なテーマを抱えながらも、その解決のために非常に活発な活動が行なわれていることなどが確認でき、行政の支援の必要性が浮き彫りになりました。

さらに二〇〇〇年（平成一二）二月には、そうした団体を含め、「広報そうか」で呼びかけた多くの皆さんとともに、草加の将来都市像を考えようと「市民フォーラム―二一世紀の草加―」を開催しました。ここでも、コミュニティや市民と行政の関係のあり方など、「パートナーシップ」に関わる意見が交わされました。一つの都市として、まだまだ必要とする施設はあるでしょうが、そうしたモノの要求でなく、地域や役所の仕組みなどの変革への思いが強く出ました。

こうした取り組みからも、「パートナーシップまちづくり」「市役所を変える」など、基本構想に反映され、翌年〇一年

（平成一三）から、条例懇話会の立ち上げにつながっていきました。

また、〇四年（平成一六）の条例制定後からは、「NPO・市民活動団体との意見交換会」を発展させ、「NPO・市民活動団体と市との協働のあり方を考える会議」による、NPO・市民活動団体と市の協働のルールづくりを開始しました。

ここでは、検討の進め方や会議のあり方を巡って、多くの時間が割かれました。参加した市民と事務局とのあいだで、何回となく意見交換を行ない、両者の納得の下に、ようやく翌年から本題のルールづくりの検討に入りました。

みんなでまちづくり自治基本条例に規定している「みんなでまちづくり会議」の運営についても、役所の進め方について、さまざまに参加者から意見が出ています。ここでもお互いに納得できる方法を模索しながら進めていかなければなりません。

4 「公共」を市民の手に

実質的な市民参加への取り組みの積み重ねが、これまで行政が独占していた「公共」を市民のものにすると私は考えています。

言い換えると、行政がまちづくりの唯一の担い手であり、市民はその受け手であるという関係から、市民がまちづくりの担い手であり、その受け手でもあるという関係への変革です。

昨今では、行政がまちづくりの計画案を作成したとしても、市民に意見を求め、計画を修正するという形で進められることが多くなりました。あるいは、まだまだ行政の計画案は変更不可能なもので、市民の意見を「とりあえず」聴くという形で市民参加なるものが行なわれているという状態かもしれません。「市民参加」に対して「アリバイづくり」などと言われるのは、このことを指してのものです。

そこには、「行政は間違いをせず、市民を善導していくものである。市民には計画を作る能力がないから、専門家である行政が計画を作成しなければならない」という行政の一方的な思い込みがあるのではないかと思うのです。行政が計画を作成するという作業を自らの唯一のものとして独占している限り、市民に計画を作成する能力がつくはずはないでしょう。

また、一方で、市民の動きは、従来の行政への不満から発した反対運動から、行政への提案づくりを行なう運動へと変化してきています。市民のなかには、行政職員以上に計画立案能力をもった人たちがいるでしょうし、行政職員がすべて計画立案能力に長けているわけではありません。あえていえば、役所のなかには、計画作成を敬遠する風潮があることを、職員自ら、知っているはずです。もはや、市民には計画立案能力がないから行政が計画を作るのだという考え方は、払拭しなければならないでしょう。

住民票の交付などの窓口業務は別にして、行政は、市民にサービスを提供し、市民は、それを受けるという、まちづくりの供給者と受給者、主体と客体という関係は、地方分権一括法を転機とした地方分権化をさらに進め、自治体内での地域分権、市民自治という、市民をして地域社会の形成者・主体者たらしめようとしていると認識すべきでしょう。

このことが、行政の独占物であった「公共」が市民のものになるということです。

行政が作り上げた計画を、行政が執行し、市民は単にそれを享受するという関係から、市民が自ら必要とする計画を自らの手で作り上げ、行政との役割分担で実行していくという関係への変革。そこに、市民の満足感や達成感、自己実現の喜びなどが生まれ、行政への信頼も生じ、それぞれの主体性や自主性を基盤にしたパートナーシップの関係が確立されていくのではないかと思うのです。

こうした認識を根底に、みんなでまちづくり課は日々の仕事を進めていきたいと思っています。

市民に「提案権」を保障した「草加市みんなでまちづくり自治基本条例」

宮本節子●特定非営利活動法人みんなのまち草の根ネットの会・会長

1　条例制定へのみち

市制施行四〇周年記念事業を土台に

条例づくりへのきっかけは、一九九八年の市制施行四〇周年記念事業（二三九ページ参照）まで遡ることになります。

このとき、実行委員会と市とのあいだで「新しいコミュニティづくりにむけてのしくみづくり」を協働でつくり出すことが確認されたことにあります。市側では、これを受けて、九九年からそのための土壌づくりに入り、二〇〇一年一二月第一回の「（仮称）草加市パートナーシップまちづくり条例懇話会」（以下「懇話会」という）が開催されました。

委員は、公募委員二名を含む一〇名でしたが、町会・NPO・学識経験者・地域コミュニティ・女性公募委員の五名は、何らかの形でこの草の根ネットにかかわりをもっている人でした。メンバーの互選でえらばれた座長には、市制四〇周年事業のながれをくむこともあって、草の根ネットの会長があたることになりました。

懇話会の運営で心がけたことは、市制四〇周年記念シンポジウムで体得した市民自身でつくりあげるという手法を活用することです。これは、市民と行政との関係はとかく行政に対する不満や不備を指摘しがちですが、それを乗りこえて、場を共有することができると、それぞれの持ち場を活かした新しい発想にたどりつけるということです。

進めかたも委員で検討して——懇話会はこのように

この経験を活かして懇話会は、次のように行なわれました。

・進めかたそのものを委員で検討して決める

・会議録とは別に、「意見整理表」を作成し、共通認識を図りながら進める

・市職員も同じテーブルについて意見交換できるようにする

従来、行政が案を作って示し、それに対する意見を委員が述べるというスタイルが多く、このときも、起草委員の選出、たたき台の作成などが市側から提案されましたが、白紙の状態から議論し、委員全体で合意形成しながら作成することを委員は確認しました。

さらに、傍聴者についても意見があれば、メモで提出、次回の懇話会で反映していくことにしました。

最初は、各自まちづくりやパートナーシップに対して考えていることを自由に発表することからはじめました。たとえば、①住民同士の利害関係があり、住民間で意見を整理していくのはむずかしいから、市役所に行く、そうした現実を含めて考えたい　②問題にどう戦うかが住民の自立、それを育てていくことが必要　③生活にはルールがあるが、そのルールへの理解が住民にないことが問題　④パートナーシップというと市役所と市民と考えがちだが、市民と市民もある。役所というと役所が何かしてくれると考えてしまう。そのあたりを捉え直さないといけない　など。

これを「意見整理表」に整理していきます。次の段階としてその内容を①②は「仕組み・合意形成の仕方」③は「理念・目的」④は「理念・方法論・仕組み」にあたるというように、分類分けをします。さらに次の段階として条例に必要な項目を出し合い、前に出された意見をそこにあてはめていきます。

このような方法で整理することおよそ一〇回の懇話会を使いましたが、おのずと形を成し、二〇〇二年七月には中間報告という形で市の広報に掲載し、市民の意見を求め、さらに一二回目には市民との意見交換会をもつことができました。

そこで出された意見には、

・「まちづくりの現状や課題からなるまちづくり白書の作

成」に対して課題の調査と評価についても記載が必要

・「市職員の啓発」については、評価と監視も必要

・「市の組織の整備について関係部局相互の調整を図る」

というところを調整と連携を図るとすること

・「まちづくり拠点の整備」については市民活動センター

を明記すること

などがありました。一三回目市民意見を考慮しながら最終案の検討を行ない、発足一年後の二〇〇二年一二月、一四回目の懇話会の席で市長へ提出しました。

これを受けて庁内で検討が行なわれ、名前を「みんなでまちづくり条例（案）」として〇三年三月議会に提案されました。

みんなでまちづくり条例審査特別委員会の設置

上提された条例（案）に対して議会は、その名のとおり「みんなでまちづくり」を進めていくということは、議会も一員であること、さらに、提出されている案は、単なるパートナーシップ条例（手続き条例）というよりも一段上位に位置し、自治基本条例との中間的位置にあるものとも思われる、という理由で継続審査としました。

「みんなでまちづくり条例審査特別委員会」（以下「特別委員会」という）では、その後三回にわたり、参考人を招いて意見をききました。

一回目は、懇話会の委員であった学識経験者二名に対して行なわれ、「狭義のまちづくりだけの枠組みの中で議論しては、住民の発意を十分に受けとめることができないため、かなり広義、広範なまちづくりの受け皿ができないだろうかという視点から、これまでのまちづくり条例とは違う発展的な形で今回の条例素案の策定に取り組んだ」「行政と市民がパートナーを組んでまちづくりを進めるための道具やルールを付加し、まちづくりを進めて行くいろいろなプロセスをオープンにできるような場づくりを設定したところが、当条例案の特徴的な部分である」「自分たちのまちをどうしていこうかという住民ニーズを行政や議会に反映させ、実現させていくステップや手続きが、しっかりと規定してある」と述べています。

二回目は、長崎県立大学吉居秀樹教授に対して行なわれ、「当条例案は自治基本条例とまちづくり条例の中間に位置づけられる条例になっているという印象を受けた。条例制定の目的、理念が明確ではなく、その議論が必要と考える」と述べています。（以上第一回、第二回について「特別委員会委員長

報告［中間報告］平成一五年九月定例会」参照）

三回目は、懇話会委員のうちの市民委員三名に対して行なわれ、それぞれ各自が懇話会で取り組んだことについて意見を述べたあと、当条例案を自治基本条例化することについての考え方が質問され、「当条例案の基本理念、パートナーシップを残しながら自治基本条例化することについては、個人的には喜ばしい」「包括的なものにしていくのであれば、もう一度市民との話し合いの場というものがつくられるべきではないか」という意見などが出されました。さらに二〇〇三年八月議会主催のセミナー（テーマ「市民参加とまちづくり」）を開催し、〇四年五月には公聴会を開催し、六人の公述人から意見をききました。公述人の意見は次のとおりです。

・当修正案は、市民、市議会、市の三者でパートナーシップによるまちづくりに取り組むと規定していることは評価できる。

・五年ごとの検証を規定する反面、条例の改正について三分の二以上の賛成を必要とする特別多数議決の規定は矛盾するのではないか。市民参加手続きを重視するのであれば、柔軟な対応を図るべきである。

・地方自治法は時代遅れの法律であるが、特別多数議決の規定を含め、法に抵触しない制度設計、条例制定を行なう必要がある。

・当修正案は、基本構想を実現するための基本計画を議決事項とすることは評価できる。しかし、市民のまちづくりへの参加を確立し、柔軟な取り組みを行なうためには、必要に応じて改正を行なう必要があり特別多数議決については問題があるのではないか。

・当修正案は、市民にまちづくり団体なども含めた規定としているが、市民とまちづくり団体は区別すべきである。また、前文に「次世代のためのまちづくり」を行なうことを明記すべきである。

・当修正案は、市民が主体となるまちづくりの原則を定め、草加市の基本的な理念、枠組みを条例化するものであり、早期制定を望む。

（以上、二〇〇四年八月五日発行「そうか市議会報」参照）

最高法規として制定

二一回に及ぶ特別委員会を経て、二〇〇四年六月議会で、条例の一つとしてではなく、市政運営の根幹となる最高法規として「草加市みんなでまちづくり自治基本条例」を制定しました。

この間、特別委員会と懇話会は、〇二年八月、九月と二度にわたり懇談し、「(仮称)パートナーシップ条例」を検討した過程での精神である「第七章まちづくりの環境整備」、なかでも第二一条(拠点・ネットワークづくり)、「第八章まちづくりの参画手続き」を盛り込むことを強く要望しました。

特別委員会瀬戸健一郎委員長は、「……草加のまちづくりは今後未来永劫、『みんなでまちづくり』、つまり市民も行政も議会も『みんなでつくっていくのだ』という本条例案に盛り込まれている理念はすでに最高理念である、この条例案の理念を超える理念を基本条例としてさらに策定していくことは困難であると考えられること。…中略…もともと手続き条例として位置づけで準備されてきた部分はアメリカの憲法と同様に、最高理念を現実化するための基本的なルールやしくみを同時に内包した最高法規の一部として残され、今後の作業においても活かされていくべきであると私は考える」と述べ、第七章、第八章は懇話会の要望どおり残されました。

市民に「提案権」を保障

瀬戸健一郎委員長の言葉をかりれば、この条例は「デモクラシーの最高理念を草加方式で掲げ、それを実行するための仕組みや具体的なルールも盛り込まれ、時代に対応して常に進化しつづけていく可能性まで担保した、他市に例を見ない、すぐれた事実上の自治基本条例」です。

これを実現していくパートナーシップは、市民・議会・市の三者でとっていくことがうたわれていることです。

そして最大の特徴は、市民に「提案権」が保障されたことです。

行政には当然提案権があり、議会にも議員立法などは議員提案によるもので提案権があります。しかし、従来、市民にはなく、市民は議員にたよったり、行政の施策などに対して、審議会などで意見を問われるだけでした。

この自治基本条例では、市民がまちづくりに参画していく手順が定められ、提案権を保障する場として「みんなでまちづくり会議」が定められました。これこそ市民自治の場です。

第八章第二六条に規定されている「みんなでまちづくり会議」での提案や話し合われた事項については、市政に反映するよう努めるとともに、反映結果を公表し、会議で説明することが規定されています。反映結果に納得できない場合は、市議会で意見を述べる機会を求めることができ、市議会はこの意思を尊重します、と規定されています。

〇三年八月、議会主催のセミナーの講師であった長崎県立大学吉居秀樹教授はその講演のなかで、「市民の価値観が多様化した社会においては、あらゆる価値観・意見を反映させる制度を成立させることは困難であり、地方議会が最終的には住民合意をまとめる手続きを組み合わせることが必要である」(「そうか市議会報」〇三年一一月発行掲載)と述べています。

また、〇四年八月五日発行「そうか市議会報」によれば最終特別委員会(第二一回六月二日)において「市議会で意見をのべる機会として公聴会等を活用することについても、あわせて構造改革特別区域の提案をすることを議長に申し入れることを決定した」と記載されています。

2 条例が動きはじめて

①みんなでまちづくり会議(条例第二六条関係)の発足

条例が施行されて、およそ三年になります。懇話会では、条例が成立した後、「みんなでまちづくり会議」の運用などについては、懇話会と同じように、市民といっしょに作ってほしいと要望しました。さらに、次のような意見も出されていました。

・理念だけでなく実効性のある条例にする

・担当課が行動できる予算が必要

・情報をもつ、補助金をもつなど担当課が力をもつことが必要

など、実施していく場合の危惧や意見が多く出されていました。

しかし、実際には、「草加市みんなでまちづくり自治基本条例に定めるまちづくり活動の登録等に関する規則」「同まちづくり会議に関する規則」が〇四年一〇月二八日庁内で職員だけで作られ施行されました。

担当の職員もかかわっていくなかで、懇話会で話し合われた内容は十分に活かしきることができないまま、会議が重ねられていきました。

登録員のなかから、会議の運用と合わせて、内容や結果をどう扱うかが不明確であるといった課題が出されるようになり、〇五年一一月「みんなでまちづくり会議を考える会」(以下「会議を考える会」という)が発足しました。

〇六年七月の定例会「みんなでまちづくり会議」に「会議

を考える会」は、『みんなでまちづくり会議』を活性化するには」を提案しました。

市の反映結果の回答は、次期定例会一〇月の会議で出されました。回答は以下のようです。

《草加市では、この機会に、同会議の運用上の問題について検証を行なうための組織を設置し、同会議の活性化を図っていきます。組織の役割や構成メンバーの詳細については、今後検討していきます》

この回答によって、〇七年度に検証が行なわれることになり、一歩前進しました。

その後の〇七年一月の定例会には、いままで提案されてきた二件がハードのまちづくりに対するものでしたので、草の根ネットとしてソフト面について以下の提案をしました。

＊子どもにやさしいまちづくりをすすめるため

「子どもにやさしいまちづくり」というのは、子どもの権利条約の理念を実現するまちづくりとして、ユニセフが提唱している考え方で、そのなかで「子どもの権利が保障されるまちづくり」のために自治体の法的枠組みの必要性をあげています。


子育てパーシャルは設立以来、継続して「子どもに住みよいまちづくりをすすめる」ことを課題としてきました。しかし、「いじめ」による自殺の多発、不登校児童の増加、親による虐待、子どもが被害者になる犯罪の増加など、連日のように報じられているように、子どもの状況は悪くなっています。

子どもが育つ地域に責任をもつ大人（行政と市民）は「子どもの権利を保障し、子どもの声を子どもの側に立って聞き、子どもの最善の利益を考える」ことを共通の理念として子どもと関わり、子どもにやさしいまちづくりをすすめることが必要なときではないか、というのが提案した理由です。

市の反映結果の回答は、〇七年四月の定例会で出され、回答は以下のようです。

《提案の趣旨である「子どもにやさしいまちづくり」を進めるために、草加市に条例制定の必要性なども含めて、どのように子どもを取り巻く、よりよい環境をつくるべきかなどについて、幅広く議論する場をもうけていきたいと考えています》

この定例会で、「議論する場」の具体化について次回定例会で回答することが約束されました。

〇七年七月の定例会での回答は次のとおりです。

《平成一九年度は、関係各課の「子どもの権利」に関する共通認識を持つための勉強会等を実施するとともに、子どもに係わる市民団体や職員を対象とした子どもの権利に関する講演会等を開催したいと考えております。

そして、平成二〇年度は、知識経験者を含めた、市民団体、提案者、関係課等で構成する、子どもの権利の現状についての認識を共有することを目的とした検討会を実施してまいります。

さらに、平成二一年度には、二〇年度に実施した事を踏まえ、検討委員会などを立ち上げ、多くの方々の意見等をもとに、「子どもの権利に関する条例制定」について検討を進めていきたいと考えております。》

この定例会で、〇六年一〇月に回答された『みんなでまちづくり会議』の検証組織について報告がありました。

「草加市みんなでまちづくり会議等検証委員会」を設置し、運営内容・自治基本条例・それにともなう二つの規則について検証をする。委員は、公募を含めて一〇名以内で、一回目を一〇月に開催予定。

②まちづくりの拠点の実現（条例第二一条関係）

条例第二一条は「拠点・ネットワークづくり」を規定するもので、「市民、市は、まちづくりの拠点やネットワークづくりに努めます」というものです。

草加市における活動の拠点への要望には長い歴史があります。

＊市長へ要望書提出

埼玉県草加文化会館が一九九八年四月一日をもって草加市に移管されるという話を聞いた草の根ネットでは、いちはやく九八年一月二八日、市長へ要望書を提出しました。

1　大ホールを除く部分については、まちづくり、環境問題、女性問題等の活動をしているボランティアの市民団体が活動拠点として利用できる施設にしていただきたい。

2　施設の運営に関しては、市民団体の意向を反映できるような方法をお考えいただきたい。たとえば、「まちづくり団体協議会」のような機関が運営することも考えられると思う。

＊市長の施政方針と草加市女性問題協議会の動き

市長は、九八年三月議会における九八年度施政方針において、県から移管される施設を、市民活動センター・生涯学習センター・男女共同参画社会をめざした女性センターとしての機能を有した施設に転換することを表明しました。

これを受けて、かねて女性センターの設置を要望してきた草加市女性問題協議会（会長は、現草の根ネット会長）は九八年六月五日、県立草加文化会館移管にともなう緊急提言—男女共生センター（仮称）の設置について—を具申しました。

そこには各フロアのコンセプト図面とともに次のようなことが書かれています。

先の具申書で明らかにした男女共生センター（仮称）をふまえて最低限、以下の機能を盛り込むことを要望しました。

・若い世代や個人が活用しやすい施設
・相談機能をもつ施設
・情報の受信・発信活動ができる諸機能を完備した施設
・女性問題解決のための情報コーナーと専門的知識をもったコーディネーターを配置した施設
・女性の視点を取り入れた内装の配慮

その後、市長は、九九年三月議会における九九年度施政方針において、耐震補強工事に併せ、新しい市民ニーズに沿った施設として文化ホールとしての機能に加え、市民活動センター・女性センター・生涯学習センター・伝統産業展示などの機能をもった施設として整備することを表明し、二〇〇〇年四月リニューアルオープンにむけて改修が行なわれました。

このことを受けて、草加市女性問題協議会は九九年一〇月二一日第二弾の緊急提言—男女共生センター（仮称）の組織・運営等について—を具申しました。

そこには組織・運営に関する次のような提言がなされています。

・今後の運営に関する問題を明らかにするため、四機能の行政担当部署、女性問題協議会・社会教育委員会等の代表者、草加市文化協会、の三者による協議を緊急にもつこと。
・文化協会への委託に伴って、行政担当部署、草加市文化協会、市民とからなる運営協議会を必ず設置すること。
・運営においては、各行政担当部署と各センター機能との施策上の連携を図ること。
・機能を十分に果たすための専門的知識をもったコーディ

ネーターの配慮が必要である。
・職員の配置について
将来的には市民の自主的な運営が可能となるように市民の参画による職員養成を進める。
複合的なセンター機能の統合的な運営の実現に向けて、職員の人的配置は長期的展望のもとに行なわれることが望ましい。

＊その後の行政の動き

【草加市文化会館運営懇話会】　右記提言を受けて、所管部署は、二〇〇〇年三月二二日第一回運営懇話会を開催しました。そして同年四月、リニューアルオープンとなりました。

その後、これらの運営懇話会は二〇〇〇年度中に四回開かれましたが、施設の説明・連絡などにとどまり、四機能の統合的運営の話し合いにはいたらないまま、四回をもって終了してしまいました。

【（仮称）草加市まちづくりセンターへの取り組み】　〇三年度、草加市は、みんなでまちづくり課を通じて（仮称）草加市まちづくりセンターについての検討を助成金事業として草の根ネットへ依頼しました（調査内容については一四六ページ参照）。

草の根ネットでは次のことを提言しています。
・政策的根拠の明確化――指針や条例のなかに明記すること
・「まちづくりセンター設置準備委員会」の立ち上げ
・暫定的な設置（運営・運用の実験）

そして〇七年三月、（仮称）市民活動センター設置準備委員会が設置され、旧谷塚文化センター一階に〇七年一〇月開館をめざして検討がはじめられ、九回の委員会を経て、八月市長へ「最終報告」を提出しました。

③（仮称）ＮＰＯ・市民活動団体と市との協働のあり方「指針」の策定に向けて（条例第一一条関係）

二〇〇四年九月にはじめられたＮＰＯ・市民活動団体の意見交換会は、ＮＰＯ・市民活動団体と市の双方が協働事業の主体者となり、その後「ＮＰＯ・市民活動団体と市との協働のあり方を考える会議」（以下「協働を考える会議」という）を設置するにいたりました。そして〇七年四月、四〇回を経て「中間報告」を、そこで出された意見を反映して四一回目には「最終報告」を作成し、八月市長へ提出しました。

「協働を考える会議」では、懇話会のときと同じように、市民手づくりで案が作られ、何度も何度も後戻りをしては一歩前進というスタイルで進められました。

そこには、協働事業の考え方・手順の明確化、協働事業の実践・検証、協働に関する環境の充実等、が明記され、NPO・市民活動団体と市がともに協働事業の主体者であることが大きな特徴となっています。

3 おわりに

条例制定から丸三年が過ぎ、四年目を迎えています。条例第二六条・二一条・一一条関係の三本柱が遅いあゆみながら整えられてきている今日、市民の側に目を向けると、どうでしょうか、市民に与えられた大切な提案権でもあるにもかかわらず、それを活用する場である「みんなでまちづくり会議」へ参加するための登録者は四四名（〇七年七月三〇日現在）にすぎません。

ホームページを見て参加したという新しい登録者は、条例と条例にもとづく場であることの認識が不十分だったのでしょうか、行政側から施策の説明がなされないことに不満の様子でした。

また協働のあり方「指針」の中間報告について市民の意見を聞く場では、団体などの設立以前から相談する場や資金面での支援を要望する声が聞かれました。相談する場は二一条にもとづく（仮称）市民活動センターが設置されれば実現されることであり、資金面での支援は、すでに**第二〇条にもとづき「草加市ふるさとまちづくり応援基金」**が〇四年度から実施されています。

このように、条例があまり市民に知られていない現状があることから、草の根ネットでは〇七年度事業として「草加市民が立ち上がるための『草加市みんなでまちづくり自治基本条例』」の普及・啓発を市内七か所を巡回しての学習会と二か所での講演会を計画しています。

ひとりでも多くの市民がこの条例の精神を理解し、住んでいるまちのまちづくりにこの条例で保障されている提案権等を使ってかかわっていくことこそが、これからの市民自治を発展させていく道でしょう。

＊「草加市みんなでまちづくり自治基本条例」は、「草加市ホームページ」のなかにある例規集から閲覧できます。

〈かかわった人の思い〉

市政運営は「市民と行政とのパートナーシップによるまちづくり」

小澤　博●前草加市長

私は、草加中学校、谷塚中学校の教員、草加市教育委員会委員長、教育長、市長と公職を務めてまいりましたが、それ以外の期間、いくつかの市民活動に参画いたしました。

まず、最初が、一九六八年（昭和四三）、五八名の仲間とともに、「市民の声なき声を聞こう」という活動理念を掲げて設立した草加青年会議所です。

初代理事長高野宰匠氏（元草加市教員委員会委員長）の後を継ぎ、私は二代目理事長を務めました。

当時、私は幼稚園の園長として幼児教育に携わっており、また教員生活も長かったことから、教育問題を活動の主軸と定め、約一〇か月の準備の末、七〇年（昭和四五）九月、「あなたも教育者―これからの教育について語ろう―」とのテーマによる市民討論会を草加市立高砂小学校講堂で開催しました。

この市民討論会は全国初の試みとして各方面に大きな反響を呼ぶこととなり、全国青年会議所会員大会などで発表する機会を得たことを覚えています。

教育長として一一年半、草加市長として八年間、ほとんど毎日のように様々な場面でごあいさつを申しあげましたが、この草加青年会議所理事長時代の修練が実を結び、どのようなシチュエーションにあっても臆することなく自分の考えを自分の言葉で話すことができたものと思っています。

ちなみに、その草加青年会議所から、多くの優秀な人材を輩出していることは、みなさますでにご案内のとおりであります。

＊　＊　＊

つぎに思い出すのは、草加松並木保存会の活動です。

これは、日本でも名だたる草加松原の松並木が昭和三〇年代から四〇年代にかけての高度成長により、「車社会発展」の影響を受け、その多くが枯れ始めたことを憂えた有志とともに、七六年（昭和五一）に結成いたし、私が初代会長を仰せつかりました。

当時の松並木は、国道四号線（現足立越谷線）の両側に植えられており、その間を多くの車が通っていました。そしてその管轄は埼玉県に、また綾瀬川側は建設省（現国土交通省）にあり、土を掘り起こす作業ひとつとっても、すべて国・県の許可を必要としました。

当時の官僚は、今では考えられないくらい、「市民活動」に対しての理解に乏しく、我々の要望はほとんど受け入れられず、身動きできない状態が続いたため、松が枯れ進んでゆくことを座して看過することしかできないことを歯がゆく思っていました。

しかしながら、「ふるさと草加」を思う気持ちに、怖いものはありませんでした。前述のような状況に辛抱できなくなった我々は、ついに行動を起こしました。団体会員一五六、個人会員一〇五二人にまで大きな団体となっていた松並木保存会は、自己資金により新たな松を購入し、それを国・県の許可なく植えてしまいました。

そのことを知った建設省からは、後日、お呼びがかかり、激しくお叱りを頂戴しました。今では「日本の道百選」のひとつに数えられ、左岸広場とともに、市民の貴重な「憩いのエリア」となっている松並木遊歩道を見るたびに、「我々の活動に誤りはなかった」「小さな市民活動の蒔いた種が大きな樹木に成長し、今では草加市民のたいせつな心のよりどころになっている」との感を強く抱きます。

＊　＊　＊

世界のビジネス界にもっとも影響力を有する思想家として著名なＰ・Ｆ・ドラッガー氏は、その著書『ネクスト・ソサエティ』（ダイヤモンド社発行）のなかで、「これからの都市社会の行方は、そこにおけるコミュニティの発展いかんにかかっており、非政府であり非営利であるＮＰＯだけがコミュニティを創造することができる」と言い切っています。

現代社会を見るとき、私たちが草加青年会議所や草加松並木保存会を舞台に精力的に活動していたころの時代背景とはあきらかに異なっています。

しかしながら、まちの発展のためには、市民が自発的・主体的にまちづくりにかかわっていく姿勢が欠かせないことは、今も昔も変わらず、そして、私たちの当時の活動が、現在のみんなのまち草の根ネットの会の活動に連綿とつながっているものと確信しています。

私は市長時代、「市民と行政とのパートナーシップによるまちづくり」を市政運営の根幹としました。なぜならば、まちづくりの主役は市民であり、市民活動こそ、地方自治確立に欠かすことのできない重要な構成要件であるからです。

特定非営利活動法人みんなのまち草の根ネットの会にあっては、新たなコミュニティづくりの先駆者、リーダーとしてますますご活躍いただきますことを期待しています。

特定非営利活動法人みんなのまち草の根ネットの会　発行物一覧（二〇〇七年三月三一日現在）

＊報告書名、カッコ内は対象調査、発行年の順に掲載

●『男女共同参画社会にむけて　女の意識・男の意識―アンケート調査からみえるもの―』（第一次男女共同参画社会にむけての意識調査）一九九九年三月発行

●『男女共同参画社会にむけて　女の意識・男の意識―アンケート調査からみえるもの―』（第二次男女共同参画社会にむけての意識調査）二〇〇二年三月発行

●『固定的性別役割分担意識払拭への「男の料理教室」の効果』（ＷｉｔｈＹｏｕさいたま　グループ・団体対象支援調査・研究事業応募調査）二〇〇三年六月発行

●『私のまちの外国人―一〇〇人に聞きました―』（外国籍住民サンプルリサーチ報告書）二〇〇〇年二月発行

●『歩いて　見て　聞いて　調べた　草加の公園』（草加市公園調査報告書）二〇〇一年一〇月発行

●『草加あいあいマップ』（公園調査、介護関連施設実態調査など）二〇〇一年一二月発行

●『（仮称）草加市まちづくりセンターの検討のための市民活動団体意識調査報告書』（（仮称）草加市まちづくりセンター検討事業　市民活動団体調査）二〇〇四年三月発行

●『（仮称）草加市まちづくりセンター検討事業　検討報告書』（（仮称）草加市まちづくりセンター検討事業調査研究）二〇〇四年三月発行

●『育てよう！　地域のコミュニティづくり　まちづくりをつなぐ会　ＰＡＲＴ Ⅱ・Ⅲ・Ⅳ　報告書』（〇

四年度、〇五年度、〇六年度まちづくりをつなぐ会ＰＡＲＴ Ⅱ・Ⅲ・Ⅳ報告）Ⅱ―二〇〇四年九月発行 Ⅲ―二〇〇六年二月発行 Ⅳ―二〇〇六年一二月発行

●『子どもの権利条約を広める事業　子どもの権利についてのアンケート調査報告書』（子どもの権利についてのアンケート調査）二〇〇六年二月発行

●『事業報告書　人権教育・啓発フォーラム報告書「誰にも住みよいまちづくり」Ⅰ～Ⅷ　平成九年度から平成一六年度』一九九七年度から二〇〇四年度まで各年度発行

●『誰にも住みよいまちづくりⅨ　子どもの権利条約を広める事業報告書　平成一七年度人権フォーラム・「ベアテの贈りもの」上映会』（平成一七年度人権フォーラム（講演会、ワークショップ）報告「ベアテの贈りもの」上映会報告）二〇〇六年三月発行

●『ＤＶ被害者支援ボランティア育成講座入門編～ＤＶのない社会をめざして～　報告書』（平成一八年度ＤＶ被害者支援ボランティア育成講座報告）二〇〇七年二月発行

●『まちづくり「知りたい　出会いたい　動きたい」事業報告書』（平成一八年度　まちづくり「知りたい　出会いたい　動きたい」事業報告書）二〇〇七年三月発行

＊発行物の価格、送料については、奥付の会の事務局宛お尋ねください。

おわりにあたって

国立女性教育会館（ＮＷＥＣ）のワークショップの来場者から熱心な質問を受けて、草の根ネットの活動や会のあり方が特徴的であることを私たちメンバーは実感していました。それを出版物にして全国発信しようと、二〇〇二年五月準備会を立ち上げ、二〇〇四年一月まで二〇回にわたり世話人等が集まり、出版物をどういう人に読んでもらいたいか、そのためにはどのような構成にしようかなど話し合い、できるところから文章化にかかりました。二〇〇四年六月には編集会議を立ち上げ、二〇〇六年四月まで五八回も会議を重ね、その後も編集作業を引き継いできました。

自分の原稿はなかなか書けないもので、メンバーの原稿がつぎつぎとできてくるなか、ずいぶん遅れて原稿をしあげましたが、活動を文章化することで自分のしてきたことを確認できました。また他のメンバーが書いたものを読んで、「なるほど……」「そんな思いをもっていたんだ……」など関心する場面もあったり……。

そんな五年という年月をかけて、ようよう出版刊行にこぎつけました。いままで事業報告書・調査報告書を発行するたびにうれしく、製本の仕上がったものを眺めたりさすったりして喜びを噛みしめてきましたが、今回の発行は、また格別の喜びとなりました。

＊　＊　＊

文部省委嘱事業から一二年、二八名のネットワーカーからはじまったネットワークづくりは、二〇〇七年九月一六日現在登録番号七四一名にまでひろがりをもつことができましたが、ここにいたるまでにお力をお貸しいただいたすべての方々に謝辞を申し上げます。

発足時、男女共同参画を主軸に国際化（外国人との共生）にまでワクを広げることにより、バリアをとり除くことをめざし、これらの実現は何よりも地域づくりとともに進められていかなければならないとの思いから、男女共生・国際化・地域づくりを三本柱にすえ、男女共生アドバイザー鳥谷部志乃恵（元獨協大学教授）・国際化アドバイザー野元弘幸（当時埼玉大学助教授）・国際化の推進にお力添えをいただきました渡辺文夫（当時東北大学助教授・現上智大学教授）・地域づくりアドバイザー矢澤澄子（東京女子大学教授）の諸先生方のご助言をいただきました。その後の活動の指針となりましたことに深く謝意を表します。

＊　＊　＊

図書出版生活思想社をご紹介くださいました浅野富美枝（現宮城学院女子大学教授）さんとは当時宮本が人権擁護委員でご一緒で、男女共同参画社会づくりをめざしていました。五年におよぶ困難な状況のなか出版を引き受けていただきました五十嵐美那子さん、お二人との出会いが今回の出版につながりました。ここに感謝申し上げます。

草加市における市民活動の協働のパートナーとしての行政、ご執筆にご協力いただきました方々をはじめ、「草加市ふるさとまちづくり応援基金」のご支援をいただきましたことを記してお礼申し上げます。

志なかばにして逝かれた故矢島久夫副会長（二〇〇〇年二月一日ご逝去）、出版に関して尽力され、刊行を楽しみにされていた故山川令子初代事務局長（二〇〇七年三月一四日ご逝去）にこの小著を捧げます。

矢島夫人廣子様には遺志をついで、いまでは地域づくりパーシャルネット副世話人・事務局員をお引き受けいただいています。

活動をはじめた一二年前は、ネットワーク、パートナーシップなどのことばはめずらしく、まだ定着していませんでしたが、いまでは日常的に発せられることばとなっています。私たちのささやかな活動もそれらのことばの理念の普及に少なからず役立ってきていることを確信し、「ネットワーカーたちのまちづくり」によって誰にも住みよい地域社会が実現することを願い、私たちの活動を記したこの本を読んだ方が、何かに活かせていただけるよう祈っています。

二〇〇七年一〇月

会長　宮本節子

事務局長　高橋さきえ

■執筆者・編集関係者紹介（五十音順）

◎は編集委員

岡野喜一郎（おかの・きいちろう）　企画委員
高砂住吉中央（ＴＳＣ）地区まちづくり市民会議会長

小澤　博（おざわ・ひろし）　前草加市長（一九九三年〜二〇〇一年）、現学校法人おおとり学園谷塚おざわ幼稚園顧問。パートナーシップによるまちづくり政策を確立

◎小野塚通子（おのづか・みちこ）　理事（会計）、国際化パーシャルネットメンバー

上山辰子（かみやま・よしこ）　会員

◎齊藤高子（さいとう・たかこ）　子育てパーシャルネット世話人

齋藤永江（さいとう・ひさえ）　地域づくりパーシャルネット世話人（第四代）

阪上久子（さかうえ・ひさこ）　地域づくりパーシャルネット世話人（第二代）

島村美智子（しまむら・みちこ）　元草加市勤労課婦人係長、現国際女性の地位協会会員。第一期草加市女性行動計画策定に携わる

清水美津子（しみず・みつこ）　男女共生パーシャルネット世話人（第三代）

蛇目秀雄（じゃのめ・ひでお）　元国際相談コーナースタッフ

昇高京子（しょうたか・きょうこ）　地域づくりパーシャルネット世話人（第一代）

須田英男（すだ・ひでお）　地域づくりパーシャルネット世話人（第三代）

染谷勝之（そめや・かつゆき）　地域づくりパーシャルネット世話人（第五代）

◎**高橋さきえ**（たかはし・さきえ）　男女共生パーシャルネット世話人（第一代）、事務局長（第二代）

高橋　弘（たかはし・ひろし）　企画委員（事務局員）

谷澤欣子（たにざわ・よしこ）　調査研究パーシャルネット世話人

土澤　明（つちざわ・あきら）　男の料理教室世話人

萩原信行（はぎわら・のぶゆき）　元草加市みんなでまちづくり課課長補佐、現人権共生課主幹。みんなでまちづくり自治基本条例制定に携わる

日比谷信平（ひびや・しんぺい）　元草加市総合政策課長、現今様・草加宿推進室専門員。パートナーシップによるまちづくり事業に携わる

細川美佐子（ほそかわ・みさこ）　高齢者・障害者パーシャルネット世話人

◎**宮本節子**（みやもと・せつこ）　会長

矢崎庚子（やざき・こうこ）　理事（会計）、高齢者・障害者パーシャルネットメンバー

矢澤澄子（やざわ・すみこ）　東京女子大学教授（文理学部社会学科　専門領域　地域社会学・女性学）

簗瀬裕美子（やなせ・ゆみこ）　国際化パーシャルネット世話人

◎故　**山川令子**（やまかわ・れいこ）　事務局長（第一代）、子育て支援パーシャルネット世話人

渡辺文夫（わなたべ・ふみお）　上智大学教授（総合人間科学部教育学科　専門領域　異文化教育学）

特定非営利活動法人みんなのまち草の根ネットの会

【連絡先】
〒340-0022
埼玉県草加市瀬崎町1332-4 B-103
電話 090-1129-5522　FAX 048-927-8465
メールアドレス　kusanone@monet.co.jp
ホームページ　http://www.sainokuni.ne.jp/kusanone-net/

生活思想社ホームページ
http://member.nifty.ne.jp/seikatusiso/

埼玉県・草加発
ネットワーカーたちのまちづくり
男女共同参画・パートナーシップづくりの新たな実践

2007年11月30日　第1刷発行

編著者　特定非営利活動法人みんなのまち草の根ネットの会
発行者　五十嵐美那子
発行所　生活思想社
〒162-0825 東京都新宿区神楽坂2-19　銀鈴会館506号
電話・FAX　03-5261-5931
郵便振替　00180-3-23122

印刷・製本　モリモト印刷株式会社
落丁・乱丁本はお取り替えいたします

Printed in Japan　ISBN 978-4-916112-17-0 C0036